北欧神話

新版

ジェームス・ボールドイン 著
中島 孤島 訳 阿部 正子 現代語訳

愛馬スレープニールを駆るオージン
（ノルウェー　オスロ市庁舎木彫壁画）

『北欧神話』刊行にあたって

本書は大正八年合資会社冨山房より発行された『希臘神話及北歐神話』（増補縮刷版）の北欧神話部分および解説に現代語訳をつけたものである。

解説は原文のあとに現代語訳を配し、本文は、上段に原文、下段に現代語訳の二段組みで構成している。原文については使用されている旧漢字を常用漢字に改め、読み仮名を適宜省いたほか、旧仮名遣いや送り仮名などは原文のままにしている。ただしあきらかに誤植とみなされる箇所は訂正し、現代語訳の固有名詞は一般に用いられている読み方に従った。

現代語訳は児童文学家の阿部正子氏によるものである。上下をあわせて読み、文語文の味わいにもふれてほしい。またギリシャ神話とは異なる北欧神話の勇猛な物語の世界を楽しんでいただければ、と思う。

なお挿画は大正八年発行の前掲書のものほかを用いた。

冨山房企畫編集部

目次

装幀　富山房企畫　滝口裕子

何れの民族に於ても、原始未開の時代に在りては、此の世界を一の活物と観、其周囲の万象に、自己と同一の生命を賦与する傾《かたむき》あり。謂《おも》へらく、日の照らし、星の輝き、水の流れ、火の燃え、草木の生長する、是れ何によりて然るぞ？　他なし、是等一切の者は、人間と同様の生命を有し、同様の意志を具《そな》ふるがためのみと。是れ実に此の驚くべき自然界の謎に対して人類の与へたる最初の解答なりき。彼等は天上の星も、地上の山川草木も、悉く人間と等しき人格を具へ、人間と等しき意志によりて働くと考へたるのみならず、人間は上りて天上の星と化し、山嶽河海は屢々《しばしば》人間の形に於て現ると信じたり。原始民族に於ける如上《によじやう》の信仰は其の特異なる想像力を駆りて種々の神話を構成せり。原始民族の生活を支配せる一切の思想と信仰とは、彼等の神話に於て特異なる発見を見る。神話は原始民族の科学なり、宗教なり、哲学なり、詩歌なり。

神話学者は諸民族の神話に就いて種々の分類を立てたり。例へば神話の中には自然界の事物に就きて何等かの説明を与ふるものあり。又社会日常の経験に関して其の起原を語らんとするものあり。世界とは何ぞや？　人間とは何ぞや？　世界は如何にして起れるぞ？　人間は如何にして此の世界に来れるぞ？　如何にして昼夜の別は生じたるぞ？　潮汐は如何にして起るか？　人間に生死あるは何故ぞ？　火は如何にして人間の用をなすに至りしぞ？　人間は如何にして結婚の道を知るに至りしか？　是等の疑問に対する解答は、或は世界創造の神話となり、或は神の行為事業の物語となり、或は人間祖先の物語となり、或は国家民人の福祉を増進せる幾多の英雄の伝説となり、或は社会に於ける風俗習慣の由来に関する神話となる。是等の神話中其の主題の上より見て、特に自然現象に関するものを自然神話といひ、人事に関するものを人事神話といひ、英雄の伝説に関するものを英雄神話といひ、風俗習慣に関するものを風習神話といひ、又其の形式の上より見て、凡て或事物に関して何等かの説明を与へんとするものを説明神話といふ。又神話を広義に解して、広く民間に伝はれる諸種の説話をも其中に包含せしむる時は、狭義の神話即ち国民的宗教の結成とも見るべき諸神の行為に関する物語を特に高級神話と名《なづ》け、之に対して俗間の信仰を語れる口碑伝説の類を特に低級神話と名くる学者あり。此他神話学者の間に用ひらるゝ種々の名目に就いては、今一々枚挙し難し。

神話は原始民族の信仰に原《もとづ》き、一たびは徹頭徹尾真実として受容せられたるものなれども、歳月の推移と風習の変遷とによつて、後には国民の信仰と理性とに背馳するが如き部分を生じたる結果、後世の学者は此《か》くの如き不合理なる部分に何等かの説明を与へんとして、古来神話の解釈に関して種々の異説を生じたり。古代希臘《ギリシャ》の哲学者オイエメロスは夙《つと》に一の説を立てゝ、神話中の神々は、曽《かつ》て此世に在りて種々の偉業をなせる英雄豪傑が、死後国民の尊崇を受けて神に祀られたるものにして、神話は要するに歴史上に実在せし偉大なる酋長等の伝説に外ならずと説きたり。此種の説を歴史説又は「オイエメリズム」といふ。例へば希臘《ギリシャ》神話の主神ジュウス（ヂュピタア）を以てクレテ島の王なりとし、北欧神話の主神オーヂンを以て東方より来れる日耳曼《ゼルマン》人の酋長となすの類なり。又神話を以て古代の宗教、哲学若くは科学の譬喩的伝承なりと見て、その象徴的仮粧の下に暗示せられたる意味を解かんと試みたる一派あり。此派の学者は謂《おも》へらく、神話は古代の宗教家若くは哲学者が、其教説を広く人民の間に理解せしめんがために、譬喩を用ひて説きたるものなるが、時代の経過に連れ、其の譬喩なることは漸く忘れられて、後には文字通りに解釈せるがために、多くの不可解なる点を生ずるに至りしなり。例へば希臘神話に於てかのクロノス（サタアン）が其の子供等を食ふ物語の如きは、クロノスの性質と対照して、最も不可解とせらるゝ点なるが、こはクロノスが一切の物を生みて、一切の物を食ひ尽す「時《タイム》」の象徴なることを了解するによりて始めて理解せらる。又かのイオ（アイオ）の神話も之と同じく、イオは月にして、一百の眼を有《も》ちて、昼夜にイオの監視を怠らざるアルゴス（アアガス）は星空の象徴なり。而してイオが女神ヘラ（ヂュノー）の送れる虻《あぶ》のために苦められて諸方を漂浪するは、月の已む時なき運行を語れるものに外ならず云々と。

歴史派が歴史的解釈を用ふるが如く此の派は好んで天然的解釈を用ふ。之を神話学上の象徴説といふ。更に近代に及んで、比較言語学の研究に立脚して神話の解釈を試みんとせる所謂比較神話学の一派あり、此の派の学者は、神話中に包含せらるゝかの不合理の分子を以て、言語の変化発達に伴うて生ずる原義の没却に原《もとづ》くものとなし、其の語源に遡りて、神話的名称の意義を尋ぬれば、よく是等の謬妄を正すことを得べしと説く。此派の学説を代表するものは、マクス・ミュラーの所謂《いはゆる》言語疾病説なり。マクス・ミュラーは印度《インド》日耳曼《ゼルマン》族の神話に現るゝ神名を比較研究して、其の最古の形式を推断し、之を根拠として個々の神話の起原を説明せんと企てたり。以為《おもへ》らく、印度日耳曼語の最古の形式に於いて「日」「夜」「地」「太陽」「春」「曙」等の如き自然現象に関する語は、各々性を有したり。されば最初に是等の語を用ひて自然現象を説明せる文句は、時の推移によりて其の原義の失はるゝと共に、其の語に具《そな》はれる性は、やがて人間の両性と混同せられ、遂には其全体の文句が、人格ある者の行為を語るものとして解せらるゝに至る。例へば今「旭日曙を追ふ」といふ句ありとせんに、旭日に対する古代の言語は男性にして、曙に対する語は女性なるより転じて「日神少女曙を追ふ」の意となり、かくて希臘《ギリシャ》神話に於けるアポロー（太陽）とダッフネ（曙）の神話を生ずるなり。又ダッフネの語は本来「燃焼」の意にて、其の樹の燃え易き点より屢々《しばしば》「桂樹《かつら》」の意に用ひらる。これかの神話に於て女神ダッフネがアポロー神の追跡を逃れて終《つひ》に桂樹《かつら》に化し、永くアポロー神の愛樹となれる所以なり云々と。マクス・ミュラーは、比較言語学の上に其の説を立てたれども、箇々の神話の解釈に至りては、徹頭徹尾天然的解釈を用ひ、太陽を中心として、日出より日没に至る自然界の現象によつて一切の神話を説明せる点に於て、象徴説と其の結果を同《おなじ》うせり。

マクス・ミュラーの神話学説は一時学会を風靡したれども更に其の後に出でて、進化論の立場より此の説に痛撃を加へ、終に其の根拠を覆へして、神話解釈上に新なる原理を与へたるものをアンドルー・ラングとす。ラングの神話学は人類学の研究法を直ちに神話学に応用せるものにして、神話形成時代に於ける社会の状態を、今日現存する未開民族の生活より類推し、現に未開民族の間に存する風俗、習慣、思想、信仰に照して、古代の神話を説明せんとするにあり。以為《おもへ》らく、神話は風俗、習慣、制度などと等しく、個人の創造にあらずして民族の所産なり。されば神話の中には常に古代民族の心理と、社会状態とを反映す。古代の神話中に於けるかの不可解の要素も、当時の社会の心理と生活とを明かにすれば、自ら其の意義を闡明《せんめい》することを得べし。たゞ吾人は幾千年の過去に遡りて、原始時代の民族の生活と思想とを捜るに由なきが故に、何等か他の方法によりて、此の目的を達するの外なし。人類学者は過去の遺物によりて過去の人類の生活を研究するに当り、之を現存する未開民族の風俗、習慣と比較して、その遺物を使用せる民族の生活状態を推断す。若し此の研究法を神話学の上に移す時は、今日未開民族の間に存する信仰、風俗、説話等を研究し、之と比較対照することによつて、よくかの神話に於ける不可解の謎を解き得べきが如しと。而して此《か》くの如き研究の結果として、現に今日の未開民族の中には、今尚ほ魔術を信じ、人間の禽獣、木石などに変形することを信じ、或は死霊ありて現世の人間と交通することを信ずる者あり。吾人が荒唐無稽と考ふるが如き神々の行為も、是等諸民族の信仰に於ては、極めて自然にして、何等の矛盾をも感ぜざる例多きことを発見せり。今是等の未開民族の心理を研究するに、是等の諸民族に於て第一に注意すべきは事物の起原に就いて何等かの説明を求めんとする好奇心の旺盛なることにして、第二に注意すべきは、容易に他人の言を信じて、幼稚なる説明に満足することなり。彼等は、現に其の周囲の万物が自己と同一の生命を有し、同一の感情を具《そな》へて、自由に人間の形となり、人間と同一の言動をなし得るが如くに信ずると共に人間も亦《ま》た自己を他物に変じ、他物を自己の形に変ずる能力を具へ、天体の運行気象の変化をも任意に支配し得ることを信ず。是等の信仰は種々の説話となりて是等諸民族の間に拡がりつゝあるのみならず。彼等は現に是等の説話に対して何等の矛盾を感ずることなきなり。今仮に是等の説話が是等諸民族の文学に伝はつて、之より後幾千年を経過したりとせよ、其の時既に文明の域に進める是等諸民族の子孫は、是等祖先の遺産に対して、其の不合理にして不可能なるを感ずること、尚ほ今日の欧洲人が希臘《ギリシャ》、若《も》くは北欧の神話に対して感ずるが如きものあるべし。是に於てラングは推断して曰く、かの神話中に於ける残忍なる若くは荒誕なる要素は、主として現今の文明民族が尚ほ野蛮の域を脱せざりし時代の遺物なり。是等の神話を形成せる時代に於て、彼等の文化は尚ほ今日の濠洲若くは南北両亜米利加《アメリカ》に住する未開民族と相距《あひさ》ること遠からざりしなりと。蓋《けだ》しラングは民族心理上、進化の同一階段に於ては、常に同一の思想信仰を生ずる事実に立脚して、人類学の研究法を神話学に適用せる結果、古代神話に於ける不合理的分子の多数は、其の民族が曽《かつ》て現今の未開民族と同一の信仰を有したる時代の遺物なることを断定し、種々の実例を挙げて其の多くが譬喩象徴にもあらず、又必しも「言語の疾病」によりて其の原義を失へるものにあらざることを証明したり。之を神話学上の遺物説といひ、又其の研究法の上より特に人類学派の名あり。されば此の派の神話解釈法は常に原始民族の生活と心理とを離れず、広く諸民族の間に伝はれる類似の説話を集めて比較研究するを特色とす。一例をいはゞ希臘神話に、人類の保護者プロメトイス（プロミシュース）が一茎の葦を以て天上の火を盗み、初めて人間世界に伝へたる物語あり、然るに濠洲土人の神話にも英雄神マウイが火を盗みて初めて人間の用に供せし物語あり、其他北米土人の伝説にも、南洋諸島に拡まれる説話にも、火を盗めることを説くもの甚《はなは》だ多し。是れ明かに未開民族が火を惜みて容易に他に与へざる風習を反映せるものにして、当時若し之を得んとすれば盗むの外に手段なかりしが故に、之を以て火の起原を説明するに至りしなりと。

以上は神話の解釈に関して立てられたる学説の一斑なるが、是等の諸説は何れも幾分の真理を有し、必しも一を取りて他を排することを得ず。神話の解釈が原始民族の生活と心理とに根柢を置かざるべからずとする人類学派の説は、大体に於て動かすべからざる真理なれども、尚ほ有らゆる神話を以て悉く未開民族の好奇心に原《もとづ》けりとは断ずべからず。蓋し神話の成分は極めて複雑にして、其の中には現実に生存せし英雄の事蹟に原けるものあり、一種の譬喩的伝承とも見るべきものあり、又或者は明かに「言語の疾病」によりて解釈せらるべきものあり、或は自然現象の説明として観察すべく、或は事物の起源を説明し若くは国名地名等の説明として作られたりと見るべきものありて、必ずしも単一の原理を以て律すべからざればなり。

次に同一の神話が広く諸民族の間に流布することあり。多くの場合には相互の間に多少扮装の相異あるを例とすれども、其の根柢の要素に至つては全く同一にして、中には枝葉の点に至るまで互に揆を一にするものあり。是等の事実に関しても、従来神話学者の間には種々の議論ありて、或は之を以て偶然の一致に帰し、或は一の民族より他の民族に伝播せりと説き、或は一の本源地ありて四方に分布したりと説き、其の意見区々にして一定せず。然《し》かも是等の仮定説は何れも其の根拠薄弱にして、全般の事実を説明するに足らず。最近に於て人類学派の勃興に伴うて、是等の現象をも亦た民族心理上より説明せんとする傾あり。以為《おもへ》らく進化の同一階段にある諸民族の間に独立に発生せる神話が、往々にして互に相類似することは必しも偶然にあらず、是等の諸民族の間には同様の思想信仰あり、相似たる風俗、習慣を有するが故に、同一の自然現象に対し、或は同一の事物に対して何等かの説明を与へんとする場合に、殆んど同一の神話を生ずることは有り得べきことなればなりと。之を神話の心理起原説と名《なづ》くべし。されど此の説を主張する者と雖も尚ほ全く神話の伝播説を拒否するにあらず、神話中には其の類似の余りに酷《はなは》だしくして、単に同一の心理状態より生起せりとのみ断じ難き場合あり、此《か》くの如き場合に於ては寧ろ伝播説を採るを便とす。蓋し悠遠なる人類の史上に於て一の民族の間に生起したる神話が、多くの民族を経過し、永き歳月を費して、遠隔せる地方に伝播することは必しも有り得べからざることにあらず、たゞ現在に於ては其の伝播の径路を尋ぬべき何等の証拠をも存せざるが故に、暫く一の仮定説として心理起原説の足らざるを補ふべきのみ。

さて神話が原始民族の信仰より発して、一国民の財産となり、更に文字によりて後世に伝はるまでには、自《おのづ》と発達の順序あり。第一段に於ては一地方の伝説として口より口に伝承せられたるものが、次第に発達して、第二段に於て全民族の間に拡まると共に、自ら他の伝説と接触して、其の間に一の系統を作り、或は僧侶の儀式中に保存せられ、或は弾唱詩人の題目となり、第三段に至りて、文字に記録せらるゝに至るものとす。今之を希臘《ギリシャ》神話に見るに、希臘神話の二大宝庫と称すべきホーマア（ホメロス）エジオッド（ヘシオドス）に先《さき》だちて既にオルフュース（オルフォイス）タミリス、ミューシヤス（ムセウス）等の伝説的詩人あり、ホーマアの如きも其の生前に於ては一の弾唱詩人として諸方を遍歴し、其の作れる物語を吟誦して、貧しき盲目の一生を送りたりと伝へらる。史家ヘロドタスの記事に拠れば、ホーマアの年代は紀元前八百五十年頃なれど、其の二大叙事詩「イリヤッド」及「オヂッシー」が今日の形を具《そな》ふるに至りしは、其の死後三百年を経てアゼンスの名主ピシストラタスが学者に命じて其の遺篇を編輯せしめたる時に始まると称せらる。されば近世の学者中には、此《か》くの如き長篇の叙事詩が、此くの如き長年月の間、単に弾唱詩人の口誦によつて伝承せられたる事実に疑を挟み、世にホーマアの作として伝はれる叙事詩は、其の実一人の作にあらずして、古来の詩作を編纂してホーマアなる架空の人物に寄託せるものなりとの説き立つる者あるに至れり。兎も角ホーマアの二大叙事詩は希臘神話の一大宝庫にして、トロヤ（トロイ）戦争の物語と、ユリッシーズが漂泊の物語とは、主としてホーマアの詩によつて不朽の生命を垂れたり。エジオッドはホーマアと同時代の人なりとの説あれど、其の年代は明ならず。其の詩に「仕事と日」及「神統記《テオゴニイ》」の二篇あつて、前者は日常の生活に関する一種の教訓詩なれども、後者の中には世界創造の物語を初めとし、神々の系統より神と人との関係に至るまで、略《ほ》ぼ希臘《ギリシャ》神話の体系を具《そな》へ、希臘神話の最も貴重なる源泉とせらる。此の他アルケウス、サッフォー、アリオン、及シモニデス、アナクレオン、ピンダル（ピンダロス）等の抒情詩、エスキラス、ソフォークリーズ、ユーリピデーズの悲劇、アリストファネスの喜劇降《くだ》つてアポロニウス、テオクリトスの詩にも希臘神話の源泉として取るべきもの尠《すくな》からず。次に羅馬《ローマ》神話の源泉としては、ヴージル（ヴェルギリウス）オギッド（オギヂウス）の二大詩人あり。ヴージルは紀元前七〇年に生れ、所謂《いはゆる》オーガスタス（アウグスツス）帝の黄金時代を飾れる詩星の一人にして、其の叙事詩「エネイド」に於て英雄エネアスの冒険を叙し、羅馬建国の神話を集成せり。オギッドは紀元前四十三年頃に生れ、夙《つと》にオーガスタス帝に寵用せられたれど、晩年事を以て羅馬を逐《お》はれ、黒海沿岸の謫処《たくしよ》に於て淋しき生涯を送りたり。オギッドが二大作と称せらるゝ「メタモルフォーシス」及「ファスチ」は共に神話の題目を歌へる詩篇にして、中にも「メタモルフォーシス」は希臘及羅馬神話の一大源泉として珍重せらる。此の他ホレース（ホラチウス）カツルス、チブルス、プロペロルチウス等の抒情詩中にも亦多くの神話を包含せり。

　南方温暖の地に生れたる希臘神話と相対して欧洲の神話界に特異の地位を占むるものは、

一年の半ばを氷雪の中に閉さるゝ北人《ノースメン》の神話なり。北人といふは瑞典《スエーデン》、丁抹《デンマルク》、那威《ノルエー》及アイスランドを包含する所謂《いはゆる》スカンヂナギアの地に定住せるアリヤン人種の一支族にして、その神話は「エッダ」及「サガ」と称する記録によつて今に伝はれり。北人の間にも夙《つと》にスカルドと称する弾唱詩人あつて、英雄の功業を歌ひ、古来の伝説を語りて諸方を遍歴せしが、そのアイスランドに於けるものは近く十四世紀の末頃まで存続して、種々の歌謡及古譚の保存に多大の貢献をなせり。是等の古譚即ち「サガ」の中、最も重要なるは「フェルズンガ・サガ」にして、十二世紀頃の編輯にかゝり、日耳曼《ゼルマン》神話に於ける「ニーベルングの歌」と同一の伝説を材とせるものなり。されど北欧神話の源泉として最も重要なるは「エッダ」なり。「エッダ」には「古エッダ」と「新エッダ」との二部あり。「古エッダ」は一に「韻文エッダ」といひ、千六百四十三年にアイスランドの主教ブリニョルフ・スヴェインソンが初めてその写本を発見し、誤りて十一世紀の史家ゼームンド・シグフッソンの編輯せるものと認めしより、一に「ゼームンドのエッダ」とも呼ばる。北欧の神話を材とせる詩歌を集めたるものにて、その写本の最も古きは十三世紀のものなれど、その内容に就いては、九世紀より早からず十二世紀の半より遅からざる種々の時代に成れる詩作を編纂せるものと推定せられ、その題目には「バルダアの死」「スキルニールの旅」「トールの槌」などの物語を含み、又フェルズング及ニーベルングの物語を歌へる十二の歌の断片をも包含せり。「新エッダ」は一に「散文エッダ」といひ、又「スノリのエッダ」とも称せらる。十三世紀の初頃スノリ・スツルラソンの編纂せるものにて、「古エッダ」の発見以前には、単に「エッダ」と呼ばれたり。この書は元来作詩家の便覧として作られたるもの丶如く、初めに北欧神話の梗概《かうがい》を述べ、次に作詩法を説き、古詩の中に用ひられたる各種の詩形の説明を試み、又或る写本には其巻末に類語の語彙及詩人の表等を添へたるものあり。「エッダの規則」「エッダの詩法」などの語は、アイスランドの文学に於て屢々《しば〳〵》遭遇する所なり。

（中島孤島）

解説（現代語訳）

どこのどんな民族であっても、原始の未開時代には、この世界を一つの生きているものと見なし、その周囲のすべてのものに、自分と同じ生命が備わっていると判断する傾向がある。

思うに、日が照り、星が輝き、水が流れ、火が燃え、草木が生長する、これらはどうしてこうなっているのか？　ほかでもない、これらはすべてのものが、人間と同様の生命を持ち、同様の意志を持っているためなのだと。

これは実に、この驚くべき自然界のなぞに対し人類が与えた最初の解答であった。彼らは、天上の星も地上の山川草木もみな人間と同じ人格をそなえ、人間と同じ意志によって働くと考えただけではない。人間は天に昇って星となり、山岳河海はたびたび、人間の形になって現れると信じた。

原始民族の、いま述べたような信仰は、その特異な想像力をかきたて、種々の神話を構成した。原始民族の生活を支配するすべての思想と信仰とは、彼らの神話の上で、特異な表現を見せる。神話は原始民族の科学であり、宗教であり、哲学であり、詩歌である。

神話学者は諸民族の神話について、いろいろな分類をした。たとえば、神話のなかには、自然界の事物について何らかの説明を与えたものがある。また、社会の日常の経験について、その起源を語ろうとするものがある。

世界とは何か？　人間とは何か？　世界はどのようにして起こったのか？　人間はどのようにしてこの世界に来たのか？　どのようにして昼夜の別が生じたのか？　潮の満ち引きはどうして起こるのか？　人間に生死があるのはどうしてか？　火はどのようにして人間の役に立つものになったのか？　人間はどのようにして結婚するようになったのか？

これらの疑問に対する答えは、あるいは世界創造の神話となり、あるいは神の行為の物語となり、あるいは人間祖先の物語となり、あるいは国の人々の幸せを増すいくつもの英雄の伝説となり、あるいは社会の風俗習慣の由来に関わる神話となる。

これらの神話のなか、その主題から見て、とくに自然現象に関わるものを自然神話、人事に関わるものを人事神話、英雄の伝説に関わるものを英雄神話、風俗習慣に関わるものを風俗習神話という。また、その形式の上から見て、すべてあるものごとに関わり、なんらかの説明を与えようとするものを説明神話という。

また、神話を広い意味に解釈して、民間に伝わるさまざまな説話をもそのなかに含めようとするときは、狭義の神話たとえば国民的宗教の結成とも見るべき諸神の行為に関する物語を特に高級神話と名づけ、これに対して俗世間の信仰を語った言い伝え、伝説などを特に低級神話と名づける学者もいる。このほか神話学者の間に用いられる種々の名目についてはたくさんありすぎ、今、一々数え上げきれない。

神話は原始民族の信仰にもとづき、最初は初めから終わりまで真実として受け入れられたものであるが、年月の推移と風習の移り変わりにより、後には国民の信仰や理性と食い違うような部分が生まれた。その結果、後世の学者はこのような不合理な部分に、何らかの説明を加えようとし、昔からの神話の解釈について種々の異説が生まれた。

古代ギリシャの哲学者オイエメロスは、以前から一つの説を立てていた。神話のなかの神々は、かつてこの世にいて種々の大事業を為しとげた英雄豪傑が、死後国民の尊崇を受け、神に祀《まつ》られたものである。神話は要するに、歴史上に実在した偉大な酋長らの伝説にほかならない、と説明した。

このような説を歴史説または「オイエメリズム」という。たとえば、ギリシャ神話の主神ジュース（ジュピター）をクレタ島の王であるとし、北欧神話の主神オージンを東方より来た日耳曼人《ゼルマン》の酋長とするのと同じようなものである。

また、神話を古代の宗教、哲学もしくは科学の比喩的伝承であると見て、その象徴的な仮の姿のもとに暗示されている意味を解こうと試みる一派がある。この派の学者は、思うに、神話は古代の宗教家あるいは哲学者がその教説を広く人々に理解させようと、比喩を用いて説いたものが、時代の経過につれて比喩であることが忘れられ、後には文字通り解釈したために多くの不可解な点が生まれたのだ。

たとえば、ギリシャ神話で、あのクロノス（サターン）がその子どもたちを食う物語などは、クロノスの性質とてらしあわせ、もっとも不可解とされる点である。が、これはクロノスが一切の物を生み、一切の物を食べ尽くす「時《タイム》」の象徴であることがわかることによって、初めて理解されよう。

また、あのイオ（アイオ）の神話もこれと同じだ。イオは月で百の目を持ち、昼夜イオの監視を怠らないアルゴス（アーガス）は星空の象徴である。そして、イオが女神ヘラ（ジュノー）の送る虻《あぶ》のために苦しめられてあちこちをさ迷うのは、止まることを知らない月の運行を語っているのにほかならない云々《うんぬん》と。

歴史派が歴史的解釈を用いるように、この派は好んで天然的解釈を用いる。これを、神話学上の象徴説という。

さらに近代になって、比較言語学の研究の上に立って神話の解釈を試みようとする、いわゆる比較神話学の一派が現れる。この派の学者は神話のなかに含まれるある不合理な部分を、言語の変化発達によって生まれる、もとの意味が忘れられることにもとづくとした。その語源をさかのぼり、神話的名称の意味をたどれば、これらの誤りを正すことができると説く。

この派の学説を代表するのは、マクス・ミュラーのいわゆる言語疾病説である。マクス・ミュラーはインド日耳曼《ゼルマン》族の神話に現れる神名を比較研究し、その最古の形式を調べ、推しはかり、これを根拠に個々の神話の起源を説明しようとした。

思うに、インド日耳曼語の最古の形式では「日」「夜」「地」「太陽」「春」「曙」など、自然現象に関する語句は、それぞれ性を持っている。それゆえ最初にこれらの語を使って自然現象を説明する言葉は、時の推移によって、もとの意味が失われるとともに、その語に備わる性はやがて人間の両性と混同され、ついにその全体の語句が人格ある者の行為を語るものとして理解されるに至る。

たとえば、今「旭日曙を追う」という句があるとする。旭日に対する古代の言語は男性で、曙に対する語は女性であるのが転じて「日神少女曙を追う」の意味に転じ、このようにして、ギリシャ神話のアポロ（太陽）とダフネ（曙）の神話を生むのである。また、ダフネの語はもともと「燃焼」の意味で、その樹の燃えやすいことから、たびたび「桂樹《かつら》」の意に用いられる。これは神話のなかで、女神ダフネがアポロ神の追跡を逃れついに桂の樹になり、永くアポロの愛する樹になったわけである云々《うんぬん》と。

マクス・ミュラーは比較言語の上にその説を立てたが、一つ一つの神話の解釈については、初めから終わりまで天然的解釈を用いた。太陽を中心とし、日の出から日没に至る自然界の現象によって、一切の神話を説明した点において、象徴説とその結果が同じになった。

マクス・ミュラーの神話学説は、一時学界を風靡した。が、その後出た進化論の立場からこの説に痛撃を加え、ついにその根拠をくつがえして、神話解釈上に新しい原理を与えたのがアンドルー・ラングである。

ラングの神話学は、人類学の研究法をそのまま神話学に応用したものである。神話形成時代の社会の状態を、今日存在する未開民族の生活より推しはかり、現在未開民族の間にある風習、習慣、思想、信仰に照らして古代の神話を説明しようとする。

思うに、神話は風俗、習慣、制度などと同じで、個人の創造ではなく、民族の所産である。従って、神話のなかに常に古代の民族の心理と社会状態を反映する。古代の神話のなかの不可解な要素も、当時の社会の心理と生活を明らかにすれば、おのずからその意味をはっきりさせることができる。

ただ、われわれは幾千年の過去にさかのぼって、原始時代の民族の生活と思想とを探る方法がないために、なにか他の方法でこの目的を達するよりほかない。人類学者は過去の遺物によって過去の人類の生活を研究するにあたり、今日も存在する未開民族の風俗、習慣と比較して、その遺物を使っていた民族の生活状態を推しはかる。

もしこの研究法を神話学に当てはめるときは、今日未開民族の間に存在する信仰、風俗、説話などを研究し、これと比較対照することにより、神話の不可解な謎を解くことができるのと同じである、と。

そして、このような研究の結果、現に、今日の未開民族のなかには、今なお、魔術を信じ、人間が鳥獣、木や石などに変形することを信じ、あるいは死霊が現世の人間と行き来することを信じる者がいることがわかった。そしてまた、われわれが荒唐無稽と考えるような神々の行為も、これらの諸民族の信仰においては、ごく自然で、何の矛盾も感じない例が多いことを発見した。

今これらの未開民族の心理を研究するとき、第一に注目しなければならないのは、ものごとの起源について、何らかの説明を求めようとする好奇心が盛んなことである。第二に注目しなければならないのは、たやすく人の言葉を信じ、幼稚な説明に満足することである。

彼らは実際、周囲の万物が自分と同じ生命を持ち、同じ感情をそなえて、自由に人間の形となり、人間と同じ言動ができると信じる。それとともに、人間もまた、自分を他の物に変え、他の物を自分の形に変える能力を持ち、天体の運行、気象の変化も自由に支配できると信じる。

これらの信仰は、いろいろな説話となってこれら諸民族の間に拡がりつつあるだけではない。彼らは実際にこれらの説話に対して、何の矛盾も感じることがない。今、かりにこれらの説話がこれら諸民族の文学に伝わって、これより幾千年を経過したとしても、そのときすでに文明の域に進んだ子孫は、祖先の遺産に対し不合理で不可能であると感じるだろう。今日の欧州人がギリシャ、もしくは北欧神話に対して感じるのと同じようなものがあるだろう。

こういうわけで、ラングは推しはかっていった。神話のなかの残忍なあるいは根も葉もないことを、大げさにいっていると思える要素は、主として現在の文明民族がなお野蛮な域を脱出していない時代の遺物である。これらの神話を形成した時代、彼らの文化はなお今日のオーストラリアまたは南北両アメリカに住む未開民族とそれほどの隔たりはなかったと。

おそらくラングは民族心理上、進化の同一段階では、常に同一の思想信仰を生む事実に立って、人類学の研究法を神話学にあてはめたのだろう。その結果、古代神話の不合理な部分の多くは、その民族がかつて、現代の未開民族と同じ信仰をもっている時代の遺物であると断定した。いろいろな実例をあげてその多くが比喩象徴でもなく、また、必ずしも「言語の疾病」によって、そのもとの意味を失ったものでもないことを証明したのだ。

これを神話学上の遺物説といい、また、その研究法の上から特に人類学派の名がある。

それゆえこの派の神話解釈法は、常に原始民族の生活と心理とを離れず、広く諸民族の間に伝わる類似の説話を集めて比較研究するのを特色としている。

一例をあげると、ギリシャ神話に、人類の保護者プロメトイス（プロミシュース）が一茎の葦で天上の火を盗み、初めて人間世界に伝えた物語がある。けれどもオーストラリア土着の人の神話にも、英雄神マウイが火を盗んで、初めて人間の用に役立てる物語がある。その他、北米土着の人の伝説にも、南洋諸島に広まっている説話にも、火を盗んだことを説明するものがたいへん多い。これらは明らかに、未開民族が火を大切に思い、簡単には他に与えない風習を反映したものである。当時、もしこれを得ようとしたら、盗むほかに手段がなかったために、こうして火の起源を説明することになったのだと。

以上は神話に関して立てられた学説の一部分であるが、これらの諸説はすべて幾分かの真理を含んでおり、必ずしも一つを取りあげ、他を退けることはできない。神話の解釈が原始民族の生活と心理に根底を置かないではすまされないとする人類学派の説は、大体において動かせない真理である。とはいえ、なおあらゆる神話をすべて未開民族の好奇心にもとづくものとは断定できない。

おそらく神話を構成している各部分は、非常に複雑なのだ。そのなかには、実際に存在した英雄の行った事業や功績にもとづくものもあり、一種のわかりやすい比喩的伝承とも見ることができるものもある。また、あるものはあきらかに「言語の疾病」によって解釈されるべきものである。あるいは自然現象の説明として注意して見なければならず、あるいは事物の起源の説明、または国名地名等の説明として見なければならないものもある。必ずしも一つの原理だけで判断してはならないからである。

続いて問題となるのは、同じ神話が広く諸民族の間に流布することがあることだ。多くの場合には、それぞれの間に多少の装いの違いがあるのがふつうであるが、その根底にあるものについてはまったく同じで、なかには主要ではない部分に至るまで、互いに同じものがある。

これらの事実についても、以前より神話学者の間ではいろいろ議論があった。あるいはこれを偶然の一致だと結論づけ、あるいは一つの民族から他の民族に伝わったのだと説き、あるいは本源地があって、それが四方に分布したと説くなどその意見はまちまちで、一つに定まらない。その上、これらの仮定説はどれも根拠薄弱で、全般の事実を説明するには何かが足りない。

最近になって人類学派が勢いを増し、これらの現象もまた民族心理の上から説明しようとする傾向がある。思うに、進化の同じ段階にある諸民族の間で、独立して発生した神話が往々にして互いによく似ることは、必ずしも偶然ではない。これらの諸民族の間には同様の思想信仰があり、似た風俗や習慣をもっているために、同一の自然現象に対し、あるいは同一の事物に対して何らかの説明をしようとする場合に、ほとんど同じ神話を生み出すことはあり得ることだからであると。これを神話の心理起源説と名づけることができる。

しかし、この説を主張する者であっても、まったく神話の伝播説を否定するものではない。神話のなかには、その類似があまりにも目立ち、単に同一の心理状態から起きたとだけいい切ってしまいにくい場合がある。このような場合はむしろ伝播説を採るのが便利である。

おそらく悠遠な人類史上で、一つの民族の間に生まれた神話が多くの民族を経て、永い歳月を費し遠く離れた地方に伝播することは、必ずしもないことではない。ただ現在、その伝播の径路をたずねることができる何らの証拠もないために、しばらく一つの仮定説として、心理起源説の足りないところを補えるだけである。

さて、神話が原始民族の信仰より生まれ、一つの国民の財産となり、さらに文字によって後世に伝わるまでには、当然ながら発達の順序がある。第一の段階では、一地方の伝説として口より口に伝承されていたものが次第に発達して、第二の段階では、全民族の間に広まるとともに自然に他の伝説と接し、その間に一つの系統を作ったり、あるいは僧侶の儀式のなかに保存され、あるいは弾き語り詩人の題目となる。第三の段階になって、文字に記録されるに至ると考えられる。

今、これをギリシャ神話で見ると、ギリシャ神話の二大宝庫というべきホーマー（ホメロス）、エジオッド（ヘシオドス）に先立ち、すでにオルフュース（オルフォイス）、タミリス、ミューシヤス（ムセウス）などの伝説的詩人がいた。ホーマーなども、その生前にはひとりの弾唱詩人としてあちこち遍歴し、作った物語を吟誦して、貧しい盲目の一生を送ったと伝えられる。

歴史家ヘロドタスの記事によると、ホーマーの年代は紀元前八五〇年頃であるが、その二大叙事詩「イリヤッド」および「オジッシー」が今日の形をもつに至ったのは、死後三百年経って、アゼンスのすぐれた君主ビシストラタスが学者に命じ、その残した作品を編輯させたときに始まるといわれる。

そのため、近世の学者のなかには、このような長篇の叙事詩が、このような永い年月の間、単に弾唱詩人の口誦《こうしょう》によって伝えられたという事実を疑う者もあった。世にホーマーの作として伝えられる叙事詩は、実はひとりの作ではなく、古来の詩作を編纂して、ホーマーという架空の人物に寄託したものであるとの説を立てる者もいるようになった。

ともかく、ホーマーの二大叙事詩はギリシャ神話の一大宝庫であり、トロヤ（トロイ）戦争の物語とユリッシーズの漂泊の物語は、主としてホーマーの詩によって不朽の生命を残すことになった。

エジオッドはホーマーと同時代人との説があるが、その年代は明らかではない。その詩に「仕事と日」および「神統記《テオゴニィ》」の二篇があり、前者は日常の生活に関わる一種の教訓詩であるが、後者のなかには世界創造の物語を初めとし、神々の系統から神と人との関係に至るまで、ほぼギリシャ神話の体系をそなえ、ギリシャ神話のもっとも貴重な源泉とされている。

このほか、アルケウス、サッフォー、アリオン、およびシモニデス、アナクレオン、ピンダル（ピンダロス）らの抒情詩、エスキラス、ソフォークリーズ、エウリピデスの悲劇、アリストファネスの喜劇、降《くだ》ってアポロニウス、テオクリトスの詩にも、ギリシャ神話の源泉として見ることができるものが少なくない。

次に、ローマ神話の源泉としては、ヴァージル（ヴェルギリウス）、オウィッド（オウィジウス）の二大詩人がいる。ヴァージルは紀元前七〇年生まれ、いわゆるオーガスタス（アウグストゥス）帝の黄金時代を飾る詩聖のひとりで、その叙事詩「エネイド」で、英雄エネアスの冒険を書き現し、ローマ建国の神話を集成した。

オウィッドは紀元前四三年頃に生まれ、早くからオーガスタス帝に寵用されたが、晩年ある出来事でローマを追われ、黒海沿岸のへんぴな土地でさびしい生涯を送った。オウィッドの二大作といわれる「メタモルフォーシス」および「ファスチ」はともに神話の題目を歌う詩で、なかでも「メタモルフォーシス」はギリシャおよびローマ神話の一大源泉として珍重されている。このほか、ホレース（ホラティウス）、カトゥルス、ティブルス、プロペルティウスなどの抒情詩のなかにもまた多くの神話を包含している。

南方温暖の地に生まれたギリシャ神話と相対して、欧州の神話界に特異な地位を占めるのは、一年のなかばを氷雪のなかに閉ざされる北人《ノースメン》の神話である。北人というのは、瑞典《スウェーデン》、丁抹《デンマーク》、那威《ノルウェー》およびアイスランドを含む、いわゆるスカンジナビアの地に定住するアリヤン人種の一支族で、その神話は「エッダ」および「サガ」という記録により今に伝わっている。北人の間にも、以前からスカルドという弾唱詩人がいて、英雄のてがらを歌い、古来の伝説を語って諸方を遍歴した。そのなかのアイスランドにおけるものは、近く十四世紀の末頃まで続いており、種々の歌謡および古譚の保存に大きな貢献をした。これらの古譚、たとえば「サガ」のうち、もっとも重要なのは「フェルズンガ・サガ」で、十二世紀頃編輯され、日耳曼《ゼルマン》神話の「ニーベルングの歌」と同じ伝説を素材としたものである。

だが、北欧神話の源泉としてもっとも重要なのは「エッダ」である。「エッダ」には「古エッダ」「新エッダ」の二部がある。「古エッダ」は、また「韻文エッダ」といい、一六四三年にアイスランドの主教ブリニョルフ・スヴェインソンが初めてその写本を発見し、誤って十一世紀の史家ゼームンド・シグフッソンの編輯したものと認めたことにより、また「ゼームンドのエッダ」とも呼ばれる。北欧神話を素材とした詩歌を集めたもので、その写本のもっとも古いのは十三世紀のものである。内容は、九世紀から十三世紀半ばまでの、いろいろな時代に作られた詩を編纂したものと推定される。その題目には「バルダアの死」「スキルニールの旅」「トールの槌《つち》」などの物語を含み、また、フェルズングおよびニーベルングの物語を歌った十二の歌の断片をも含んでいる。

「新エッダ」はほかに「散文エッダ」ともいい、また「スノリのエッダ」ともいわれる。これは十三世紀の初め頃、スノリ・スツルラソンの編纂したもので「古エッダ」の発見以前には、単に「エッダ」と呼ばれていた。この書物は、元来作詩家の便覧として作られたもののようである。初めに北欧神話のあらすじを述べ、次に作詩法を説き、古詩のなかで用いられた各種の詩形の説明を試み、また、ある写本には、その巻末に類語語彙や詩人の表などを添えたものがある。「エッダの規則」「エッダの詩法」などの語は、アイスランドの文学でしばしば出会うものである。

（中島孤島）

（現代語訳　阿部正子）

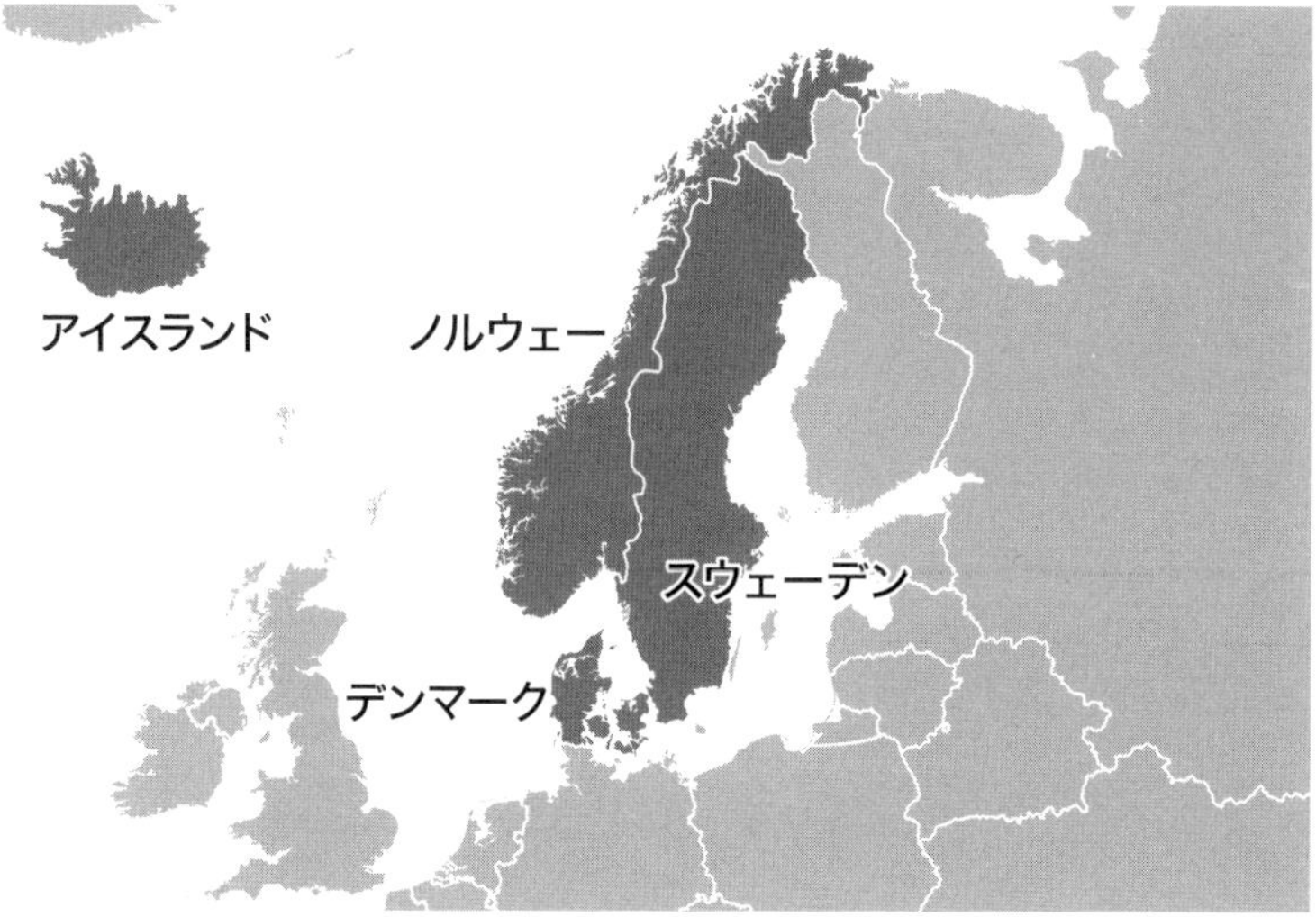
アイスランド
ノルウェー
スウェーデン
デンマーク

北欧神話の伝わる地域

北欧神話

一　天地創造

開闢《かいびやく》の初、天地未だ形を成さゞりし頃、ギヌーンガガープ（Ginungagap）と呼べる底なしの淵《ふち》ありて、其《そ》の両側に二つの世界ありき。北なるは濃霧《のうむ》と白雪と暗黒との底に鎖《とざ》されたる氷寒界にして、其の名をニフルハイム（Niflheim）（霧の世界）といひ、南なるは猛火《まうくわ》と紅焔《こうえん》とに包まれたる焦熱界《せうねつかい》にして、其の名をムスペルハイム（Muspelheim）（火の世界）と呼べり。ニフルハイムには一つの泉ありて、十二の河流を出《いだ》せしが、其の末は氷河となりて、ギヌーンガガープに注ぎ、遂に此の深淵《しんえん》を埋めけり。然《しか》るに南方なるムスペルハイムより飛散せる火塊《くわくわい》、来りて此の氷上に落つるや、忽《たちま》ち氷解けて雲の如く空に騰《のぼ》りけるが、再び凝《こ》りて霜となり、やがて化して一の巨魔《ヨーツン》（Jötunn）となりぬ。名《なづ》けてイーミル（Ymir）と

一　天地創造

世界が始まる前、まだ天と地が分かれる前のことである。

ギヌーンガガープという、深く水をたたえている底なしの淵が中央にあった。北側は濃霧と白雪と暗黒におおわれた氷寒界で、ニフルハイム（霧の世界）という。

一方、南側は猛火と紅焔に包まれた焦熱界で、ムスペルハイム（火の世界）といった。北のニフルハイムには一つの泉があり、そこから十二の河が流れていた。河はやがて氷河となってギヌーンガガープに注ぎ、深い淵を凍らせてしまっていた。

しかし、南のムスペルハイムから飛んできた火の塊がこの氷河に落ちるとたちまち氷は解け、雲のように空にのぼり、ふたたび固まって霜となった。霜はすぐに形になって、ひとりの巨魔《ヨーツン》となる。名をイーミルという。このとき、天地はまだ混沌として、昼夜の区別もつかなかった。

いふ。此の時未だ天地なく、混沌《こんとん》として昼夜の別を知らず。イーミル食を求めて氷上を漂泊《さまよ》へる時、氷雪の中別に一物あり、名《なづ》けてオーヅムラ（Audumbla）といひ、巨大なる牝牛《めうし》にして、氷《ひよう》塊《くわい》の中なる塩を舐《ねぶ》りて生存し、其の乳房より四つの乳河を出せり。イーミルはオーヅムラの乳によつて其の身を養《やしな》ひつゝありけるが、一日《あるひ》オーヅムラの舐れる氷塊の中より忽ち物の姿現れ、三日にして其の全形を成しぬ。名けてビューリ（Buri）といふ。容《よう》姿《し》秀麗《しうれい》にして、軀《く》幹《かん》雄大《ゆうだい》、洵《まこと》に是《こ》れ神人なり。ビューリ巨魔族の女《ぢよ》を妻として、ボール（Bor）を生み、ボール亦《ま》た巨魔族の女によつてオーヂン（Odin）ギーリ（Vili）及びヹー（Ve）の三子を生む。此の三子相謀《あひはか》りて、巨魔イーミルを殺せしに、其の血溢《あふ》れて尽《ことごと》く巨魔族を溺《おぼ》らしけるが、ひとりベルゲレミル（Bergelemir）と呼べる巨魔、其の妻と共に箱船に乗りて、此の難を逃れ、世界の涯《はて》に到り

イーミル（霜の巨魔）が食べものを探して氷上をさまよっていると、氷雪のなかに一つの生き物がいた。オーヅムラという巨大な牝牛である。氷の塊のなかの塩をなめて生きていて、四つの乳房から乳を出した。イーミルはその乳で生きのびた。

ある日、オーヅムラ（牝牛）がなめていた氷の塊のなかから、急に形あるものが見え、三日でその全体の姿がわかった。ビューリと名前をつける。容姿秀麗、姿が大きく立派で、神人というにふさわしかった。

ビューリは巨魔族の女を妻とし、ボールを産んだ。ボールもまた巨魔族の女を妻に迎え、オージン、ヴィーリ、ヴェーという三人の子を産んだ。

この三人の子が陰謀を企て、巨魔イーミルを殺した。すると、その血が溢れ、すべての巨魔族を溺れさせた。しかし、ベルゲレミルという巨魔ひとりだけが妻と箱船に乗って難を逃れ、世界の果てまで来た。新しい巨魔族の祖先である。

この後巨魔族は、神族に対して常に頑強な戦を続け、北欧神話でたくさんの波瀾を描き出すあの「霜

て、新たなる巨魔族の祖先となりぬ。此の後神族に対して常に頑強《ぐわんきやう》なる戦を続け、北欧神話の上に幾多の波瀾《はらん》を描き出すかの「霜の巨魔」は何れも其の子孫なりとす。

オーヂン既にイーミルを殺しければ、其の死骸《しがい》を曳《ひ》きて、ギヌーンガガープを埋め初めて天地を造りぬ。イーミルの肉は大地となり、血は流れて大海となり、骨は山岳となり、毛髪《まうはつ》は樹木となり、歯牙は岩石となり、頭蓋《づがい》は蒼穹《さうきう》となり、脳髄《なうずゐ》は雲となりて中空にかゝりぬ。此の世界はニフルハイムとムスペルハイムの中間にあるが故に、之をミッドガルド（Midgard）（中園）と名《なづ》け、其の周辺に高き墻《かき》を築きて、巨魔族の侵入に備へ、以《もつ》て人間の住所《すみか》たらしむべく定めたり。時に天地尚ほ光なく、万里の北極には、幽暗極寒《いうあんごくかん》の領あつて、飛竜ニードホッグ（Nidhogg）（暗黒）之を司《つかさど》り、怒りて飛べば、颶風坤《ぐふうこん》輿《よ》を震ひ、大海の鯨波《げいは》砕けて煙となる。神人乃ち南

の巨魔」はみな、その子孫である。

オージン（神人ビューリの孫）は、先に殺したイーミルの死骸をギヌーンガガープ（底なしの淵）に曳いていって埋め、初めて天地を造った。イーミルの肉は大地となり、血は流れて大海となり、骨は岩山となり、毛髪は樹木となり、歯牙は岩石となり、頭蓋は青空となり、脳髄は雲となって空のなかほどにかかった。

この世界はニフルハイム（霧の世界）とムスペルハイム（火の世界）の中間にあるので、これをミッドガルド（中園）と名づけた。まわりに高い垣根を築いて巨魔族の侵入を防ぎ、人間が住む所とするように定めた。

このとき、天地にはまだ光がなく、はるかかなたの北極には深い闇につつまれた酷寒の土地があり、飛竜ニードホッグ（暗黒）がここを支配していた。飛竜が怒って飛べば、大風が大地をふるわせ、大海の大波はくだけ、空はかすんだ。そこで、神人は南方ムスペルハイムの火を取ってきて、日、月、星を

方ムスペルハイムの火を取り来りて、日、月、星辰《せいしん》を造り、之を蒼穹に懸けて、天地を照らし、四季、昼、夜の運行を整へたり。

巨魔族の女《ぢよ》に「夜《ナイト》」と呼ぶ者ありて、「曙《デリング》」の妻となりて一子「昼《デー》」を生みぬ。神々は此の母子《おやこ》に馬車と馬とを与へて、四六時中絶えず空際《そらぎは》を奔馳《ほんち》せしめたり。乃ち「昼」は赫灼《かくしやく》たる馬車に乗り、白馬を御《ぎよ》して、天空を横切る時、母は必ず黒馬を駆《か》りて其の後に従ふ。前者の鬣《たてがみ》よりは、絶えず光を地上に濺《そゝ》ぎ、後者の鬣よりは、白露《はくろ》を滴《した》らして、地上の草木を蘇《よみがへ》らしむ。別にトリム（Thrym）と呼べる巨魔あり、夜中数馬を駆りて来り、坐《ざ》して其の鬣を櫛《くしけづ》れば、忽ちにして白霜《はくさう》地に満つといふ。

神々は又イーミルの体中より湧《わ》き出でたる蛆《うじ》を取り、之に人の形を与へて一群の矮人《こびと》を造りぬ。彼等は頭顱《とうろ》大にして、鼻長く、肢体短小《したいたんせう》にして、地に蹐《せぐゝ》まり、全身朽葉《くちば》色《いろ》を帯びて、其の状《さま》極めて醜《みに》くかり

造ってこれらを空にかかげ、天地を照らし、四季、昼、夜などがめぐっていくようにした。

巨魔族の女に「夜《ナイト》」という者がいた。「曙《デリング》」の妻となり、一子「昼《デー》」を産んだ。神々はこの母子に馬車を与え、四六時中、昼夜休むことなく空を駆けめぐらせた。

「昼」は光り輝く馬車に乗り、白馬を乗りまわし、天空を横切るときには必ず母が黒馬でそのあとについていった。白馬のたてがみからは絶えず光が降りそそぎ、黒馬のたてがみからは露がしたたり、地上の草木を元気にさせた。ほかに、トリムという巨魔がいた。夜中に数頭の馬を駆けさせて、すわってそのたてがみを櫛ですくと、またたくまに霜で地面がおおわれたという。

神々はまた、イーミルのからだ中から湧き出る蛆《うじ》を取り、それに人の形を与え、一群の矮人《こびと》を造った。彼らは頭が大きく、鼻が長く、手足が短く、地にかがまっており、全身が灰色を帯びた茶色で、たいそう醜かった。そこで、神々は彼らが日の光のもとに姿を現すことを禁じ、特殊な知能を授けて地下の世

しかば、神は彼等が日光の下《もと》に姿を現すことを禁じ、特殊《とくしゅ》の智能を授けて、地下の世界に住ましめけり。彼等は大自然の神秘力に通じ、金、銀、宝石の所在を探りて、深く地心に掘り下り、又金銀の細工に特殊の技能を有し、其の小き仕事場にて種々の精巧《せいかう》なる細工に従ふを常とせり。其の細工の中にて、最も名高きはかのトール（Thor）の槌《つち》と、フレール（Freyr）の船にして、殊《こと》にも後者の如きは、之を開けば、一切の神々と武器と調度とを容《い》るゝに足り、之を畳めば衣嚢《ポッケット》の底に隠るゝ程に精巧を極めたるものなりき。されど彼等は一たび日光に触るれば、忽ち化して石となるべき宿命を有するが故に、日を恐るゝこと甚《はなはだ》しく、昼間は深く山間の洞窟《どうくつ》、岩の裂目《さけめ》などに潜みて、絶えて人目に触るゝことなし。寂寞《せきばく》たる深山にて突如《とつじょ》として人声に答ふるかの山彦《やまびこ》こそは、実に彼等の言葉なれと。

此の暗黒なる夜の精＝醜怪《しうくわい》なる地《つち》の精の外《ほか》、又

界に住まわせた。

彼らは大自然の神秘的な力を持ち、深く地を掘り、金銀や宝石のありかを探りあてたり、その細工に特殊な技能を発揮した。いつも地下の小さな仕事場で、いろいろ精巧な細工に励むのだった。細工のなかで、もっとも有名なのはトールの槌《つち》とフレールの船である。ことに船などは、開くとすべての神々の武器と調度が入り、たためばポケットに隠れるほどで、きわめて精巧なものであった。

しかし、彼らはいったん日光に触れると、すぐ石になってしまうという宿命を持っていた。そのため日光を極度に恐れ、昼の間は山の洞窟や岩の裂け目などに身を隠し、けっして人目に触れることはなかった。さびしい山の奥で、突然人の声に答えるやまびここそ、実は彼らの言葉だということである。

この暗黒の夜の精＝ぞっとするような醜い土の精のほか、また別に美しい白色の空の精＝軽くしなやかな光の精が存在した。日の光のように輝き、空気のように軽やかなこれらの小さな妖精のために、

別に美しき白色の空の精＝軽く、嫋《しな》やかなる光の精ありき。日光の如く輝き、空気の如く軽快なる是等の小妖精《えうせい》の為に、神々はアルフハイム（Alfheim）（妖精の世界）と呼べる一の世界を造り、又之に陽炎《かげらふ》を以て織れるが如く、薄く透き通れる紗《しや》の羽衣を与へて、自由に天地の間を翺翔《くわうしやう》せしめき。是等の妖精は、かの矮人《こびと》らの陰気にして、意地悪く、且奸智《かつかんち》に長《た》けたるとは違ひ、無邪気《むじやき》にして、快活に、宛《さな》がら小児《こども》らの如く遊び戯《たはむ》れ、時には地上に舞ひ降りて、狂蝶《きやうてふ》と戯れ、或《あるひ》は山小菜《ほたるぶくろ》を被りて地を走り、或は揚々として蝸牛《かたつぶり》の殻《から》に跨《またが》り、遊びに倦《う》めば草の葉蔭に眠り、時には又隈《くま》なき月光の下に、妖精環《フェアリ・リング》を廻《まは》りつゝ、楽しき舞踏《ぶたふ》に夜の明くるを惜《をし》む。

ミッドガルドの中央に一の高峯《かうほう》あり、其の頂《いたゞき》は雲を凌《しの》ぎて、其の上に美麗《びれい》なる一面の草原《くさはら》あり。神々相議《あひぎ》して神苑《しんゑん》を此処に定め、之をアスガルド（Asgard）（神園）と名《な》づけて、先づ其の中央に黄金と

神々はアルフハイム（妖精の世界）という、一つの世界を造った。そして、かげろうで織ったような薄く透き通る絹の羽衣を与え、自由に天地の間を飛びまわらせた。

これらの妖精は、あの矮人《こびと》たちが陰気で、意地悪く、その上、悪がしこいのとは違い、無邪気で、快活で、まるで子どものように遊びたわむれた。時には、地上に舞い降り、蝶とたわむれ、あるいはほたるぶくろをかぶって走る。あるときは、得意そうにかたつむりにまたがったりする。遊びにあきると草のかげで眠り、さらにまた、陰りない月光に照らされながら、妖精環《フェアリ・リング》をまわりながら舞踏を楽しみ、夜が明けるのを惜しむのだった。

ミッドガルド（中園）の中央にそびえ立つ山があり、頂上は雲より高く、その上に美しい一面の草原があった。神々が集まって協議し、ここを神苑と決めてアスガルド（神苑）と名づけた。神苑の中央に黄金と大理石で大きな会議室を建て、周囲に神々の宮殿を並べた。また別に、巨大な鍛冶場を作り、巨魔族の来襲を防ぐための武器を作る設備を整えた。

大理石とより成れる一大会議室を建て、其の周囲に神々の宮殿《きうでん》を建て列《つら》ね、又別に、一棟《ひとむね》の巨大なる鍛《か》冶場《ぢば》を設けて、巨魔族の来襲《らいしふ》を防ぐべき武器を鍛《きた》ふる設備をなしぬ。アスガルドは、一にグラーツハイム（Gladsheim）（楽土）とも呼ぶ、歓楽《くわんらく》極りなき世界の義なり。さてアスガルドよりミッドガルドに到る通路には、ビフロスト（Bifrost）（虹）と呼べる七色の橋を架《わた》し、諸神は必ず此の橋を踏みて地上に往来することとなせり。

斯《か》くて天地既に定まりければ、神々は大海をして永《とこし》へに大地を繞《めぐ》らしめ、淼茫《べうばう》たる大海の際を限りて、巨魔族の住所《すみか》と定め、之をヨーツンハイム（Jötunheim）（巨魔の世界）と名《なづ》け、又ウトガルド（Utgard）（魔界）とも呼べり。

此の時ミッドガルドには、日の光と雨露《うろ》の恵によりて種々の草木繁茂《はんも》せしも、未だ之を領すべき人間はあらざりき。オーヂン一日《あるひ》他の二神と共にミッド

アスガルドは、別名グラーツハイム（楽土）ともいう。この上ない歓楽世界の意味である。

また、アスガルドからミッドガルドに至る通路には、ビフロスト（虹）という七色の橋を渡し、神々は必ずこの橋を渡って地上と往来することにした。

このようにして、天地が次第に定まってきたので、神々は未来を見据えて大海を大地にめぐらせ、果てしない大海の端を区切って巨魔族の住む所と定めた。そしてここをヨーツンハイム（巨魔の世界）と名づけ、また、ウトガルド（魔界）とも呼んだ。

このときミッドガルドには、日光と雨露の恵みによりさまざまな草木が繁茂していたが、まだこれを所有する人間はいなかった。

ある日のこと、オージンがほかのふたりの神といっしょにミッドガルドに降り立った。海辺を散歩していて、波打ちぎわに二本の木を見つけた。一本は力強い梣《とねりこ》の木で、もう一本はやさしげな美しい楡《にれ》の木であった。

神々はこの二本の木から男女一対の人間を作った。

ガルドに降り立ちて、海辺《かいへん》を漫歩《そゞろあるき》しけるに、とある渚《なぎさ》に二本の樹ありて、一は逞《たくま》しく、他は優美《いうび》なり。逞しきは桍《とねりこ》にして、優美なるは楡《にれ》なりき。諸神乃ち之を取りて男女一対《つゐ》の人間を造り、其の樹の名に因《ちな》みて、男をアスク（Ask）、女をエムブラ（Embla）と名づけ、オーヂンは之に生命と霊魂《れいこん》とを与へ、ギーリは理性と運動とを与へ、ヹーは言語と血液と官能とを与へ、永くミッドガルドに住みて、人間の祖先とならしめき。

その木にちなみ、男をアスク、女をエムブラと名づけた。オージンはふたりに生命と霊魂を与え、ヴィーリは理性と運動を、ヴェーは言語と血液と官能を与えた。そして、永くミッドガルドに住み、人間の祖先となるようにしたのだった。

二「世界樹イグドラシル」

ビフロスト橋の尽くる処に地心より生ひ出でたる梣《とねりこ》の大樹あり。其の名をイグドラシル（Ygdrasil）といひ、其の根は三方に蟠踞《ばんきよ》して、一根はアスガルドの神界に達し、一根はヨーツンハイムの魔界に到り、他の一根はニフルハイムの幽冥界《いうめいかい》に伸び、其の高さ天とひとしく、其の枝は蓁々《しん〳〵》として全世界を掩《おほ》へり。アスガルドに延びし一根の許には、「ウルド」の聖泉あり。其のかたはらには「過去《ウルド》」（Urd）「現在《ヱルダンヂ》」（Verdande）「未来《スクルド》」（Skuld）と呼べる三箇の運命《ノーンス》の女神ありて之を守り、神と人間との運命の糸を編みつゝ、日毎に聖泉の水を其の根に灌《そゝ》ぎて、世界樹を培養《ばいやう》す。又幽界に達する一根の許には、毒竜ニードホッグありて、此の生命《いのち》の樹を枯《か》らさんとして、絶えず其の根を嚙《か》めり。

二「世界樹イグドラシル」

ビフロスト（虹）橋のいちばん端に、地下より生え出た梣《とねりこ》の大きな樹がある。イグドラシルという名で、根が三方に広がり、一つ目の根はアスガルド（神苑）の神々の世界に達し、二つ目はヨーツンハイムの魔界に至り、三つ目はニフルハイムの幽冥界に延びていた。その樹は天まで届き、枝は四方八方に広がり全世界をおおっていた。

アスガルドに達した根の根もとには「ウルド」の聖泉がある。そのわきに「過去《ウルド》」「現在《ヴェルダンジ》」「未来《スクルド》」という三人の運命の女神がいて、これを守り、神と人間の運命の糸を編みつつ、毎日聖泉の水を根もとにそそぎ世界樹を育てていた。

また、幽界に達する根もとには毒竜ニードホッグがいて、この生命の樹を枯らそうと絶えずその根を嚙んでいた。

世界樹イグドラシルのいちばん高い所には「平和の枝」があり、オージンの玉座をおおい、枝には霊世界樹の絶頂には、「平和の枝」ありて、オーヂンの玉座を掩《おほ》ひ、其の枝上《しじやう》に、一羽の霊鷲《れいしう》棲《す》みて、全世界の上に監視《かんし》の眼《まなこ》を注ぎ、又其の枝間には四頭の牡鹿《をじか》ありて、四方を奔馳《ほんち》して、其の芽を咬《か》み、一匹の栗鼠《りす》は、絶えず樹幹《じゆかん》を上下して、霊鷲と毒竜との間に必死の争を醸《かも》さしめんと努む。此の世界樹の真下には、巨魔《ヨーツン》イーミルの横《よこた》はりて、永《とこし》へに其の重味を支ふるが故に、時に此の重荷を逃れんとして身を撼《ゆる》がすことあれば、天地之がために震動す。

又巨魔《きよま》界《かい》に張れる他の一根の許には、「ミーミル」の泉ありて、聡明《そうめい》なる巨魔ミーミル（Mimir）之れを守りぬ。「ミーミル」の泉は、すなはち「智慧《ちゑ》の泉」にして、此の泉の水を飲めるものには、世界の事物一として明かならざるはなし。されど白髪の老巨魔ミーミル厳《おごそか》に之れを守護して、何人《なんぴと》をも近づけざるが故に、未だ曽《かつ》て其の一滴をも口にしたる者あらざりき。オーヂン既にイーミルの種族を平

鷲が一羽住んでいた。鷲は全世界に監視の眼を光らせていた。また、木立のなかでは四頭の牡鹿が四方を走りまわって木の芽を食べていたり、一匹のりすは絶えず木の幹を昇ったり降りたりして、霊鷲と毒竜の間に入り、必死の争いを煽《あお》ろうとしていた。

　この世界樹の真下には、巨魔イーミル（霜の巨魔）が横になって常に重味を支えているので、時にはこの重荷から逃れようと身をゆすることがあり、そのために天地が震動するのだった。

　また、巨魔界に根を張るもう一つの根のもとに「ミーミル」の泉があって、聡明な巨魔ミーミルがこれを守っていた。「ミーミル」の泉はつまり「智慧の泉」で、この泉の水を飲めば、世界のことでわからないことはなくなる。けれども、白髪の老巨魔ミーミルがこれを厳重に守っていて、誰ひとり近づくことができないので、口にした者はひとりもいなかった。

　オージンはいよいよイーミルの種族を平らげ、世界創造の大事業を完成すると、日夜、神界を守ることに心をくだいた。どうにかして一度「ミーミル」

げて、世界創造の大業《たいげふ》を完成するや、日夜に神領の守護に心を砕きければ、如何にもして一たび「ミーミル」の泉を掬《く》みて、過去、現在、未来に亙《わた》れる一切の知識を我が身に収め、宇宙間一切の出来事を達観《たつくわん》して、巨魔族の来襲《らいしふ》に備へざるべからずとの心日に切なりき。かくてオーヂンは一日《あるひ》飄然《へうぜん》としてアスガルドを出で、八足の駿馬《しゆんめ》スレイプニール(Sleipnir)を駆《か》りて、ミーミルの許に到り、告ぐるに其の切なる希望を以《もつ》てせり。白髪の巨魔ミーミルは、徐《おもむ》ろに其の石像の如き面《おもて》を挙げて、鋭き瞳《ひとみ》をオーヂンに注ぎつゝ、問ふ。

「此の泉を掬《く》まんとする者は、何人と雖《いへど》も重き値を払《はら》はざるべからず。智慧の泉を飲まんと願ふ者は多し、されど其の値を払はんといへる者なし。卿《おんみ》は「ミーミル」の泉の一滴に向つて、何物を払《はら》はんとするぞ?」

オーヂンは決心の色を眼に浮べつゝ、徐ろに答へ

の泉の水を飲み、過去、現在、未来すべての知識を自分のものとし、宇宙一切の出来事を理解して巨魔族の来襲に備えたいものだと切望していた。

　そして、ある日オージンはふいにアスガルド(神苑)を出て、八本足の駿馬スレープニールに乗り、ミーミル(聡明な巨魔)の所に行った。そして、切に願っていることを告げた。

　白髪の巨魔ミーミルは、ゆっくりとその石像のような顔をあげ、鋭い瞳をオージンに向けてたずねた。

「この泉の水を飲もうとする者は、なんびとといえ、重い代償を払わなくてはならない。智慧の水を飲みたいと願う者は多い。しかし、それに似合う値打ちあるものを払おうという者はいない。あなたは「ミーミル」の泉の一滴にどのくらいのものを払おうと思っているのか。」

　オージンは瞳に決意の色を浮かべながら、あわてず、ゆっくり答えた。

「あなたが求めるままにしよう。私は、私が持っているどんなものでもあなたに与えよう。」

　これを聞いてミーミルは、すぐに持っていた象牙

ぬ。

「値は卿《おんみ》の求むるが儘《まゝ》ならん、予は予が有《も》てる何物をも卿に与ふべし。」

ミーミルは之を聞きて、直ちに其の持てる象牙《ざうげ》の盃《さかづき》をオーヂンに与へて、言ふやう、

「さらば飲め、三世の知識は悉く卿の物たらん。されど爰《こゝ》を去るに先《さきだ》ちて、卿は其の眼の一を予が手に残さゞるべからず。」

斯《か》くてオーヂンは智慧の泉を掬み、世界の事物一として知らざるはなき宏大無辺《くわうだいむへん》の知識に達したれど、之がために其の一眼を犠牲《ぎせい》としければ、爾来《これより》隻眼《かため》の神となれりと言ひ伝ふ。


の盃をオージンに与えていった。

「ならば飲むがよい。三世の世界の知識はすべてあなたのものになるだろう。しかし、ここを去る前に、あなたはあなたの眼を一つわが手に残さなくてはならない。」

こうしてオージンは智慧の泉の水を掬って飲み、世界のことは一つとして知らないことはないという、宏大無辺の知識を得た。

だが、そのために自分の眼を一つ犠牲にしたのだった。

これより、オージンは片目の神となった、といい伝えられる。

三　「アスガルド」の諸神（上）

斯くて神々は「アスガルド」に住み、巨魔は「ヨーツンハイム」に籠《こも》り、人は此の世界に生存することとなりて、天地の秩序《ちつじよ》始めて定まりければ、オーヂンは「アスガルド」の中央に荘麗無比《さうれいむひ》なるヴルハラ（The Valhalla）の宮殿を建て、殿上の玉座に在りて遍《あまね》く全世界に照臨《せうりん》す。鷲《わし》の形せる黄金の兜《かぶと》は、燦《さん》として其の頭上に輝き、其の双肩《さうけん》に投げ掛けたる深き空色の外衣《うはぎ》は、数知れぬ宝玉を縁《へり》に綴《つゞ》りて、さながら星宿《せいしゆく》の天に列《つらな》るが如し。左右の肩上《けんじやう》には、フーギン（Hugine）（思想）ムーニン（Munin）（記憶）と呼べる二羽の鴉《からす》ありて、日毎に全世界の消息を捜《さぐ》りて、オーヂンの耳に伝達《でんたつ》し、又ゲーリ（Geri）フレーキ（Freki）と呼べる二匹の狼《おほかみ》ありて、左右に侍《じ》せり。オーヂンは手づから飼《ゑ》を与へて狼を養ひ、

三　「アスガルド」の諸神（上）

こうして神々は「アスガルド」（神苑）に住み、巨魔は「ヨーツンハイム」（魔界）に籠り、人間はこの世界に生存することになって天地の秩序が初めて定まった。そこで、オージンは「アスガルド」の中央に類を見ない壮厳で美しいヴァルハラの宮殿を建て、殿上の玉座から全世界を御覧になった。鷲の形の黄金の兜はきらきらと彼の頭上に輝き、両肩に羽織った深い空色の上着は無数の宝石のふち飾りで、まるで星座が空につらなっているようだった。

　左右の肩には、フーギン（思想）、ムーニン（記憶）という二羽の鴉がいて、日々、全世界の消息をさぐって、オージンの耳に入れていた。また、ゲーリ、フレーキという二匹の狼が左右に仕えていた。オージンはみずから餌を与えて飼育し、自分はただ蜜酒《ミード》を飲んで体力をつけていた。外に出れば、八本足の駿馬スレープニールを走らせて全世界をくまなく駆けめぐり、時には槍を投げて戦いを起こさせた

己れはたゞ蜜酒《ミード》を飲みて養ひとなす。其の出づるや、八足の駿馬《しゆんめ》スレープニールを駆りて、隈《くま》なく天下を周遊《しういう》し、時に其の手にせる槍《やり》を投じて、戦争の熱火を煽《あふ》り、又初めてルーン文字（The Runes）を作りて、詩歌を作る事を教へ、又種々の魔術《まじゆつ》をも行へり。

オーヂンの妃《ひ》をフリガ（Frigga）といひ、常に其の宮殿の中《うち》に坐《ざ》し、黄金の紡車《ばうしや》に向ひて、七色の雲を紡《つむ》げり。日中に紡ぐ時は、白く且軟《かつやはら》かく、さながら羊毛《やうもう》の如くなれど、日没《にちぼつ》に及べば、色ある雲を紡ぎて、黄に、紫に、紅《くれなゐ》に、夕暮の空を染《そ》め出《いだ》す。又雪は此の女神が振へる羽蒲団《はねぶとん》の羽の天上より落つるものにして、四時に地を湿《うる》ほして草木を繁茂《はんも》せしむる雨も亦、此の女神が恵みの雫《しづく》に外《ほか》ならず。フリガは愛の女神にして、己れに手依《たよ》り来る一切の物を庇《ひ》護《ご》し、特にも小児《こども》らに対して最も深き愛着を寄せたりき。男子《なんし》に亜麻《あま》を与へ、婦人に紡織《ばうしよく》の術《すべ》を教へたるも、此の女神なりと言ひ伝ふ。

りした。また、初めてルーン文字を作って、詩歌を作ることを教えたり、さまざまな魔術も行った。

オージンの妃をフリガといった。いつも宮殿のなかにいて、黄金の紡ぎ車に向かって七色の雲を紡いでいた。日中に紡ぐときは白くやわらかくまるで羊毛のようであったが、日没になるといろいろな色の雲を紡ぎ、黄、紫、紅など夕暮れの色を染め出した。また、雪はこの女神が振った羽根布団の羽根が天上から落ちたものだ。四季を通じて地をうるおし、草木を繁茂させる雨もまた、この女神の恵みの雫にほかならない。

フリガは愛の女神であり、自分を頼ってくるすべてのものを助け、守り、とくに子どもたちに対して深い愛を注いだ。男子に亜麻を与え、女子に糸を紡ぐことを教えたのもこの女神だといい伝えられている。

オージンの子はたくさんいる。なかでも長子トールは雷神で、神と人のなかでもっとも剛の者として知られ、常に多くの神の先頭に立って戦った。

オーヂンの子数多《あまた》あり。中にも其の長子《ちやうし》をトール（Thor）といひ、雷神《らいじん》にして、神と人との中にて最大の剛者《がうしや》として知られ、常に諸神の先頭に立ちて、巨魔軍と戦へり。トール神に三種の宝器《はうき》あり。第一は、ミョルニル（Mjolner）と名づくる巨大の槌《つち》にして、第二は、身に着くれば忽ち二倍の神力を生ずる「力の帯」、第三は、鉄の手套《てぶくろ》なり。トール神の巨魔軍と戦ふや、身に「力の帯」を着け、鉄の手套を穿《は》めたる手に、かのミョルニルの槌を握り、乳白なる二頭の羊に曳かれたる戦車を駆りて、神界と魔界との間に架かれるヤーラー橋（反響《とゞろき》の橋）を渡る。其の時轣轆《れきろく》たる戦車の響は、殷〳〵《いん〳〵》として天上に鳴りはためき、怒つて赤髯《せきせん》を逆立つるや、疾風颯然《しつぷうさつぜん》として地上に襲来《しふらい》す。彼れ一たび其の槌を投ずれば、其の落つる所、物として粉砕せざるはなく、幾多の巨魔は、算を乱して其の前に斃《たふ》る。かくて其の巨槌《きよつゐ》の一下して一巨魔を斃す毎に、其の響轟然《がうぜん》として天地

トール神には三つの宝物があった。第一はミョルニルという巨大な槌で、第二は身に着ければたちまち二倍の神力が生まれる「力の帯」、第三は鉄の手袋である。トール神が巨魔軍と戦うときは、身に「力の帯」を着け、鉄の手袋をはめた手にあのミョルニルの槌を握った。そして乳白色の二頭の羊に曳かせた戦車を走らせ、神界と魔界の間のヤーラー橋（反響《とどろき》の橋）を渡るのだった。そのときの戦車の走る響きは天上にとどろき渡り、怒って赤髯を逆立てるやいなや疾風が激しく地上に襲いかかるのだった。彼が一度その槌を投げれば落ちた所はことごとく粉砕され、多くの巨魔はちりぢりになって倒れ、死んだ。こうして、その大きな槌が一回ふり落とされれば、ひとりの巨魔が倒れ、その響きは激しく大地をふるわせた。

もし彼が空腹を感じれば羊を殺してその肉を食べたが、その骨は必ず集めて毛皮で包んだ。すると翌朝、羊はふたたびもとのように活躍したという。

トールの妻をシーフという。彼女の長くのばした金髪は肩をおおい、まるで黄金の雨のようであった。

を震撼《しんかん》す。彼れ若し空腹を感ずることあれば、其の羊を屠《ほふ》りて、其の肉を食へども、其の骨は必ず集めて、之を毛皮の中に裹《つゝ》むに、翌朝に至れば、羊は再び元の如くになりて活躍《くわつやく》すといふ。

トールの妻をシーフ（Sif）といふ。其の長き金髪は流れて肩を被ひ、さながら黄金の雨の如くなりき。トール神の出征《しゆつせい》するや、シーフは其の髪を振乱しつゝ、常に其の後に従ふ。

バルダア（Balder）と呼べるは、日神《にちじん》にして、其の容貌《ようばう》の秀麗《しうれい》なるは、さながら春の日の麗《うら》らかなるが如く、其の慈仁《じじん》の徳は自から体外に溢《あふ》れ出でて、さながら光明の赫灼《かくしやく》たるが如くなりき。バルダアはアスガルドの諸神中、最も賢く、最も雄弁《ゆうべん》にして、且最も温和なる性情《せいじやう》を具《そな》へたれば、オーヂンを始め諸神の愛敬《あいけい》は一にバルダアの上に集まれり。されど美しきものは破れ易く、バルダアは一朝不慮《いつてふふりよ》の災禍《わざはひ》

トールが出征すると、シーフはその髪をふり乱しながら、常に彼の後についていった。

バルダアというのは日神《にちじん》で、その容貌の秀麗なのはまるでうららかな春の日のようで、その慈悲深さは体外に溢れ出て、まるで光明が強く輝いているようだった。

バルダアはアスガルドの多くの神のなかでもっとも賢くもっとも雄弁で、その上もっとも温和な性格だったので、オージンをはじめ多くの神の愛情と尊敬を一身に集めていた。けれども美しいものはこわれやすい。バルダアは急に不慮の災難にあい、死者の世界に行ってしまい、アスガルドの神界を深い憂愁の底につき落としたのだった。

トールとバルダアは、北欧神話のなかで一対のまことに秀れた話である。快活、豪快なトールの武勇談と純真で優美なバルダアの哀しい話とは好対照を見せている。バルダアの妻はナンナといい、貞淑といわれていたが、バルダアが死ぬと哀しみのあまり心破れ、自分もまた夫の後を追った。

に罹《か》りて、幽冥界に降《くだ》り、アスガルドの神苑をして、永《とこし》へに愁雲《しううん》の底に沈ましめぬ。トールとバルダアとは、実に北欧神話中の双璧《さうへき》にして、快活粗豪《くわいくわつそがう》なるトールの武勇譚《ぶゆうだん》と、純真優美《じゆんしんいうび》なるバルダアが哀話《あいわ》とは、相比して好個《かうこ》の対照をなす。

バルダアの妻をナンナ（Nanna）といひ、貞淑《ていしゆく》を以て聞えけるが、バルダアの死するや、哀悼《あいたう》の極、心《むね》破れて其の身も亦夫《ふ》神《しん》の後を追ひぬ。又バルダアの末弟《まつてい》ヘーダア（Höder）といふは、盲目神にして、暗黒なる冬の神なるが、此の神の投げし寄生木《やどりぎ》の枝が、図らずバルダアの命を絶つに至れることは、後章に於て明らかなるべし。

ブラーギー（Bragi）といふは、詩歌の神にして、ヴルハラ宮殿の大饗宴《だいきやうえん》に、下界の勇士らが功業《こうげふ》を謳《うた》ひて、其の労を慰《なぐさ》むるは、此の神の司《つかさ》なり。其の妻をイヅーナ（Iduna）といひ、不老不死の果実《このみ》を守護し、之を諸神に供《きよう》して、永へに其の若々しさと美

また、バルダアの末弟ヘーダアは盲目の神で、暗黒の冬の神であるが、この神の投げた寄生木《やどりぎ》の枝が思いもかけずバルダアの命を奪うことになったのだ。このことは後の章で明らかにしよう。

ブラーギーというのは詩歌の神で、ヴァルハラ宮殿の大宴会で下界の勇士たちの功績を歌い、彼らの労をねぎらい楽しませたのは、この神がつとめたのだった。その妻はイヅーナといった。イヅーナは不老不死の果実を守り育てており、これを神々に食べてもらっていつまでも若々しさと美しさを保てるようにしていた。

チールというのは軍神で、智勇兼備の名声が高く、かつて凶猛なフェンリス狼《ウルフ》の危害を避けようとして自らの右手をさし出して食べさせた。以来、チールは隻手《せきしゅ》の神として知られている。

以上の神々はみなオージンの子であるが、アスガルドにはなお多くの神々がいる。

フレールと呼ばれているのは海神ヌヨルドの子で、

しさを保たしむ。

チール（Tyr）といふは、軍神《ぐんしん》にして、智勇兼備《ちゆうけんび》の名高く、曽《かつ》て兇猛《きようまう》なるフェンリス狼《ウルフ》（Fenris Wolf）の害を除《のぞ》かんがために、其の右手《めて》を犠牲《ぎせい》に供せし以来、チールは隻手《せきしゆ》の神として知らる。

以上の諸神は、何れもオーヂンの諸子なるが、アスガルドには尚ほ数多《あまた》の神々あり。

フレール（Freyr）と呼べるは、海神《かいしん》ヌヨルド（Njord）の子にして、雨と日光と地上一切の果実《このみ》とを司り、豊穣《みのり》の神として知られ、其の妹なるフレーヤ（Freya）は、美の女神にして、音楽と春の花とを愛し、又アルフハイムの妖精等の司として、屢々《しば〳〵》恋の歌を弾じて、青春の思に燃ゆる若き男女の心を酔《ゑ》はしめ、或《あるひ》は彼等の切なる祈願《きぐわん》を容《い》れて、其の思ひを遂《と》げしむるを例とせり。此の女神は矮人《こびと》の

雨、日光、そして地上のすべての木の実を支配し、みのりの神として知られる。妹のフレーヤは美の女神で、音楽と春の花を愛し、またアルフハイムの妖精たちの中心で、よく恋の歌をかなでた。青春の思いに燃える若い男女の心を酔わせ、時には彼らの心からの願いを聞き入れ、思いを遂げさせるのだった。さらに、小人が作った精巧なくび飾りをつけ、二匹の猫に曳かれた軽車を走らせて空の果てに行ったり、時には、鷹に姿を変えて下界を訪れることもあった。

ハイムダールと呼ばれているのは、海神エーギルの娘を母として生まれた神である。生まれつき目がよく千里の先も見通し、耳も明瞭に聞きとる力を持ち、すわったまま草が生えてくる音も聴きとるほどだった。オージンはこの神を神苑の見張りに選び、ビフロスト橋のいちばん端のヒミンビョルグで四方の動静をさぐらせた。彼が常に携えていた角笛をギャルラーホーンといい、いったんこれを吹き鳴らすと、その響きは九つの世界のすみずみまで届いたという。

手に成れる精巧無比《せいかうむひ》なる頸飾《くびかざり》を着け、二匹の猫に曳かれたる軽車を駆りて、空際《そらぎは》を行くを常とすれど、時としては鷹《たか》に姿を変じて下界を訪る、こともあり。

ハイムダール（Heimdall）と呼べるは、海神エーギル（Ægir）の女《むすめ》を母として生れたる神にして、生来眼明らかにして、千里の末をも達観し、耳聡《さと》くして、坐《ゐ》ながら草の地より生《は》ふる音をも聴取《ちやうしゆ》しければ、オーヂンは此の神を選びて、神苑の見張となし、ビフロスト橋の末端なるヒミンビョルグ（Himinbjörg）に置きて、四方の動静《どうせい》を窺《うかゞ》はしむ。其の平生携《たづさ》ふる所の角笛をギアルラア（Gyallarhorn）といひ、一たび之を吹鳴らす時は、其の響よく九つの世界に徹《てつ》すといふ。

現今《げんこん》行はる、、週日の名称中には、是等諸神の名に因《ちな》めるもの多く、Wednesday（水曜日）は主神オーヂン（Odin=Woden）の名より起り、Thursday（木曜日）はトール（Thor）神の名に原《もと》

トールとオーヂン（フォーゲルベルヒ作）

づき、Tuesday（火曜日）はチール（Tyr=Zin）神の名に因み、又Friday（金曜日）は女神フレーヤ（Freya）の名より出でたりといふ。

現在使われている曜日の名称には、これら神々の名にちなむものが多い。Wednesday（水曜日）はオージン（Odin=Woden）の名から起こったもので、Thursday（木曜日）はトール（Thor）神の名にもとづき、Tuesday（火曜日）はチール（Tyr=Zin）神の名に関わりがある。また、Friday（金曜日）は女神フレーヤ（Freya）の名からできたのだという。

四　「アスガルド」の諸神（下）

　アスガルドに住める諸神の中《うち》に、特に記すべき一人の神あり。其の名をロキ（Loki）といひ、禍神《まがつびのかみ》にして、アスガルドの神苑に様々の凶事《きょうじ》を齎《もたら》せるは、みな此の神の仕業なりき。ロキの父はファルバンチー（Farbanti）と呼べる巨魔なりしが、其の母ナール（Nal）が神族の女《ぢょ》なりしより、夙《つと》にアスガルドに住み、特《こと》に其容姿の端麗《たんれい》なると、辞令に巧《たく》なるとの故を以て、初めは諸神の信任を受けたり。されど其の性浮薄《ふはく》にして、心拗《ねぢ》け、何事につけても善きこと、正しきことを嫌ひ、又常に諸神の能を嫉《ねた》みて、凶事《まがごと》をのみ喜びけり。

　ロキは初め巨魔族の女アングルボーダ（Angrbodha）と契《ちぎ》りて、三子を生みぬ。ミッドガルド蛇《サーペント》（The Midgard Serpent）フェンリス狼《ウルフ》

四　「アスガルド」の諸神（下）

　アスガルドに住む神々のなかに特記しなければならないひとりの神がいる。名をロキといい、不吉な神で、アスガルドの神苑にさまざまなよくないことをもたらしたのは、みなこの神のしわざだった。

　ロキの父はファルバンチーという巨魔であったが、母ナールが神族の女だったので以前からアスガルドに住んでいた。ことに容姿端麗で応対が巧みなことから、初めは多くの神々の信任が厚かった。

　しかし、性格は落ちつきがなく軽はずみなところがあり、心がねじれており、何かにつけ善きこと正しいことを嫌い、他の神々の能力を嫉み、災いばかりを喜ぶのだった。

　ロキは初め巨魔族の娘アングルボーダと結婚し、三人の子を産んだ。ミッドガルド蛇《サーペント》、フェンリス狼《ウルフ》、そしてヘラである。

　オージンは、前から、これらの怪物が世に害を与えることを予知していた。そこで、ミッドガルド蛇

(The Fenris Wolf) 及びヘラ (Hela) 是なり。オーヂンは夙《つと》に此《これ》らの怪物の世に害をなすべきことを予知しければ、ミッドガルド蛇を捕へて、世界を繞《めぐ》る大洋の底に投じ、ヘラをニフルハイムに逐《お》ひて、「死の王国」を司《つかさど》らしめ、更に諸神に命じてフェンリス狼を縛《ばく》せしめき。

　フェンリス狼は水魔にして、其の状《さま》巨大なる狼の如く、性最も兇猛《きようまう》なるが上に、力飽《あく》までも強く、如何なる鉄鎖《てつさ》を以て之を縛するも、之を破ること蜘蛛《くも》の網よりも容易なりき。さればオーヂンは私《ひそ》かに一計を案じて、使を山の矮人《こびと》の許に送りて、魔術の鎖《くさり》を作らしめき。此の鎖は、猫の足音、女の鬚《ひげ》、石の根、魚《うを》の息、熊の神経、鳥の唾液《つばき》などを合せ、矮人らが九日九夜の丹誠《たんせい》にて成れるものにして、其の名をグレイプニール (Gleipnir) といひ、さながら蝶《てふ》の羽の如く柔《やはら》かく、月の光の如く滑《なめら》かなりき。オーヂン乃ちフェンリス狼を召し、諸神を集《つど》へて、彼れ

をつかまえて世界を囲む大洋の底に投げ込み、ヘラをニフルハイムに追い払い、「死の王国」を支配させた。さらに神々に命じ、フェンリス狼を捕縛させた。

　フェンリス狼は水魔で、姿は巨大な狼のようで性格も兇暴な上にあくまでも力が強く、どんな鉄の鎖で縛っても蜘蛛の網より簡単に破ってしまうのだった。

　そこで、オージンは一計を案じ、使いを山の小人のもとに送り魔法の鎖を作らせた。この鎖は、猫の足音、女の鬚《ひげ》、石の根、魚の息、熊の神経、鳥の唾液などを合わせ、小人達が九日九夜心をこめて作ったもので、名をグレイプニールという。まるで蝶の羽のように柔らかく、月の光のようになめらかだった。

　オージンはすぐフェンリス狼を呼び、神々を集めて彼を縛らせた。

　フェンリス狼はこの鎖を見てすぐに疑念を抱き、神々に向かって、

「もし魔術でわれを苦しめることはしないと誓う者

を縛せしむ。フェンリス狼は、此の鎖を見て疾《と》く心に疑念《ぎねん》を起し、諸神に向ひて、

「若し魔術を以て吾《われ》を苦むることなきを誓《ちか》はんには、吾いかで縛に就くを拒まんや。只其の誓の証《しるし》として、諸神の中《うち》、誰にても一手を吾が口中《こうちう》に置くべし。」

と言ひければ、チール神は進んで其の手を巨狼《きやらう》の口の中に置きたり。斯《か》くしてフェンリス狼は縛を受けたれど、程なく其の欺《あざむ》かれたるを覚《さと》り、大いに怒りてチール神の手を嚙み砕きぬ。爾来《これより》チール神は隻手《せきしゅ》を失ひたれど、兇猛なる巨狼は、魔術の鎖に縛せられて、再び其の凶暴を逞《たくまし》うすること能《あた》はざりき。

ミッドガルド蛇は海底に放たれし後、漸《やうや》く成長して、終《つひ》には己れの口に其の尾を銜《ふく》みて、全世界を囲繞《ゐねう》するに至りぬ。又ニフルハイムに逐《お》はれたるヘラは、幽冥界の女王として、九つの領土を支配し、地上より送り来る多くの病死者又は老死者をそれ〴〵の領土に分配しつゝ、永く「死の王国」を司りぬ。其の

がいたら、われがどうして縛られることを拒もうか。拒みはしない。ただ、その誓いのしるしとして、神々のうち誰か、一手をわが口のなかに置かねばならない。」

というと、チール神が進んで手を巨狼の口のなかに入れた。

　このようにして狼は縛られたが、まもなく欺かれたことを知って大いに怒り、チール神の手を嚙み砕いた。

　これ以来、チール神は片手を失ったが、凶暴な巨狼は魔術の鎖に縛られ、二度とその凶暴さを見せることはできなかった。

　ミッドガルド蛇は海底に追われた後次第に成長して、ついに自分の口にその尾をくわえ、全世界のまわりをとり囲むまでになった。

　また、ニフルハイムに追われたヘラは、死者の世界の女王として九つの領土を支配し、地上より送ってくる多くの病死者や老死者をそれぞれの領土に分配しながら、永く死の王国を支配した。

　その宮殿をエリウドニールといった。永久に消え

宮殿をエリウドニール（Eliudnir）と呼び、永劫《えいごふ》の白雪を以て築かれ「懸崖《けんがい》」を閾《しきゐ》とし、「心配」を臥床《ふしど》とし、部屋々々には、「燃ゆる苦悶《くもん》」の帷《とばり》を垂れ、其の体躯《からだ》は、半身は藍色《あゐいろ》、半身は肉色にして、飢《う》うれども食ふべき物なく、自尽《じじん》せんとするも刀剣《たうけん》なく、終日労苦すれども、夜は睡眠《ねむり》に就くことを許されずとぞ。

ない白雪で築かれ、「懸崖《けんがい》」を敷居とし「心配」を寝床とし、部屋ごとに「燃える苦悶」のとばりを下げた。

からだは半身は藍色、もう半身は肉色で、飢えても食べるものがなく、自ら命を断とうとしても刀剣もなく、一日中苦悶しても夜は眠りにつくことも許されなかったという。

五　ヴルハラ宮殿の歓楽

アスガルドの諸神は、一たび巨魔族と戦つて之を「ヨーツンハイム」に逐《お》ひ、更にロキの諸子が、将来必ず神族の仇《あた》となるべきことを察して、悉く之を封じけるが、オーヂンは尚ほ其の透徹《とうてつ》の智力を以て、巨魔族と最後の決戦を試むべき日の近づきつゝあることを知りければ、予《あらかじ》め其の日に備へんがために、侍女ヴルキール（The Valkyrs）を下界に送りて、諸方の戦場より、人間界の勇士を選び、其の魂《たましひ》を導きて神苑に還《かへ》らしめき。ヴルキールの数は総《すべ》て九個ありて、下界に戦争の起る毎に、白銀《しろがね》の甲冑《かつちう》を被《かうむ》り、手に長槍《ちやうさう》を提《ひつさ》げ、神馬《しんめ》を駆りて空中を馳騁《ちへい》し、手にせる槍《やり》を擬して、勇敢《ゆうかん》決死の士を励《はげ》まし、其の華々しく敵刃《てきじん》に斃るゝや、直ちに之を擁《よう》して天堂に運び去るを例とせり。ヴルキールとは、「戦死者の選択

五　ヴァルハラ宮殿の歓楽

アスガルドの神々は一度巨魔族と戦い、彼らを「ヨーツンハイム」に追い払った。そして、ロキの子どもたちが将来必ず神族の敵となるだろうと察し、ことごとく封じ込めた。が、オージンは先を見通す秀れた知力で巨魔族との最後の決戦の日が近づきつつあることを知り、その日に備えるために侍女ヴァルキールを下界に送り、あちこちの戦場から人間界の勇士を選び、その魂を導いて神苑に還らせた。

ヴァルキールの数は全部で九人で、下界で戦争が起こるたびに、白銀の甲冑を身につけ、長い槍を手に神馬で空中を駆けまわった。手にした槍を振り、決死の覚悟の戦士を励まして、彼らが華々しく敵刃に倒れればすぐに天堂に運ぶのがいつものことだった。

ヴァルキールとは「戦死者の選択者」という意味で、その選択を受けることができるのは特別秀れた勇士に限られ、かりに卑怯な振る舞いがあった者は、

者」の義にして、其の選択に与《あづ》かるべきものは、抜群《ばつぐん》の勇士に限り、苟《いやし》くも卑怯《ひけふ》の振舞ありし者は、病死者と同じく、之をニフルハイムに送り、女神へラの下に氷寒地獄の苦を受けしむ。是等のヴルキールが、使命を奉じて下界に降《くだ》るや、白銀の甲冑は、天に閃《ひらめ》きて、北方の空にあやしき光を放ちぬ。これ即ち世にいふ「オーロラ・ボレアリス」（Aurora Borealis）（北極光）なりと。

ヴルキールは、ヴルハラの宮殿に於《おい》ては、かの厳《いか》めしき甲冑を脱ぎ、靭《しな》やかなる姿を純白の上衣《うはぎ》に包みて、日毎に勇士等の宴席《えんせき》に侍し、或は蜜酒《ミード》を以て其の酒杯を充たし、或は肉を運びて、其の労を慰むるを常とすれど、時ありては、白鳥に姿を変じて、少時《しばし》下界に留まることもありといふ。曽《かつ》て瑞典《スエーデン》の王に三人の王子ありて、狩猟《しゆれふ》を好み、常に雪沓《ゆきぐつ》を穿《は》きて山野を跋渉《ばつせふ》するを楽みとせしが、或時不図《ふと》森の奥なる湖水の畔《ほとり》に出で、其の美景《びけい》に心を引かれて、小《こ》

病死者と同じようにニフルハイムに送り、女神ヘラのもとで氷寒地獄の苦しみを受けさせた。

これらのヴァルキールが使命に従って下界にくだると、白銀の甲冑は天にひらめき、北方の空にあやしい光を放った。これが世にいう「オーロラ・ボレアリス」（北極光）のことだという。

ヴァルキールはヴァルハラ宮殿では、あのいかめしい甲冑をぬいでしなやかな身を純白の上衣に包み、毎日、勇士たちの宴席に控えた。あるときは蜜酒で酒杯を満たし、あるときは肉を運んで、みんなの労をねぎらうのを常とした。また、時には白鳥に姿を変え、少しの間、下界に留まることもあったという。

かつてスウェーデンの王には三人の王子がいて、狩猟を好み、いつも雪ぐつをはいて山野を歩きまわるのを楽しみにしていた。あるとき、ふと森の奥の湖のほとりに出てその美しい景色に心ひかれ、小屋を建てて仮の住まいとした。

ある朝たいそう早く起き、湖畔に出たところ、森のはずれに三人の美しい女が麻をつむいでいたので、ゆっくり近づいていくと、そばに白鳥の羽衣が脱ぎ

舎《や》を建てゝ仮の住居《すまひ》となせり。或朝いと早く起きて、湖畔《こはん》に出でけるに、森の裾《すそ》に三個《みたり》の美しき女ありて、麻を紡《つむ》ぎつゝありければ、徐《しづ》かに近づきて見るに、其の傍らに白鳥の羽衣を脱ぎ棄《す》てゝありき。女は人

すててあった。女は人がいると気づいて驚いた様子だったが、王子たちはすぐに近くに寄ってていねいに言葉をかわし、小屋に伴い互いに契りを重ねた。

ヴァルキール空中に神馬を駆る
（ヘルマン・ヘンドリヒ画）

ありと見て、驚きたる風情なりしも、王子等は直ちに進み寄りて、懇《ねんご》ろなる言葉を交はし、遂に小舎に伴《ともな》ひ帰りて、互に契を重ねたり。かくて王子等は覚えず七年を此の湖畔に送りけるに、七年の終りに近づける或日、かの女等は俄《には》かに其の姿を消し、王子等が草を分けて尋ねたる甲斐《かひ》もなく、再び其の姿を見せざりしが、程なく国中に大戦乱《だいせんらん》起りければ、始めてかの三女のヴルキールにして、天上の使命を帯びて、少時《しばし》下界に降りしものなることを知りたりとぞ。

抑々《そも〳〵》ヴルハラの宮殿といふは、楯《たて》を並べて屋根となし、槍を聯《つら》ねて柱となし、壁には燦爛《さんらん》たる甲冑を掛け並べ、五百五十の扉《ドア》ありて、各々《おの〳〵》の扉よりは八百人の勇士肩を並べて出入す。此の宏壮《くわうさう》なる宮殿は、悉く黄金と大理石とを以て成り、其の屋上にはハイドルーン（Heidrun）と呼べる山羊ありて、其の頭上に枝を拡《ひろ》ぐる巨樹ラーラッド（Laerad）の葉を

こうして、王子達は知らず知らず七年をこの湖畔で過ごしたが、七年目の終わりに近づいたある日、女達が急に姿を消した。王子達は草を分けて探したがわからず、ふたたび姿を見せることはなかった。そしてほどなく国中に大きな戦が起こった。そのときに初めてあの三人の女がヴァルキールで、天上の使命を帯びてしばらく下界に降りたものであったことも知ったということだ。

そもそもヴァルハラ宮殿というのは、楯《たて》を並べて屋根とし、槍《やり》を連ねて柱としており、壁には美しく輝いている甲冑が掛け並べてあった。そして、五百五十の扉があり、それぞれの扉からは八百人の勇士が肩を並べて出入りした。

この大きく立派な宮殿は、すべて黄金と大理石で造られていて、屋上にはハイドルーンという山羊がいた。山羊は頭上に枝を広げる巨大な樹ラーラッドの葉を食べ、乳房からこんこんと湧く蜜酒《ミード》を流した。

ところで、ヴァルキールに導かれて一度この宮殿に迎えられた勇士たちは、毎日夜あけとともに宮殿を出て野外で戦争の訓練をした。互いに剣を振り互

食ひ、其の乳房より滾々《こん〳〵》として蜜酒《ミード》を流しぬ。

さてヴルキールの導きによりて、一たび此の宮殿に迎へられし勇士等は、日毎に黎明《れいめい》と共に宮殿を出で、野外に於て戦争の稽古《けいこ》をなし、互に剣を揮《ふる》ひ、槍を投じて、相殺傷すれども、正午《ひる》に至れば、一同戦を止めて宮殿に帰り、オーヂンに侍して、終夜《よもすがら》の大饗宴《だいきやうえん》に列するを常とせり。此の毎日の饗宴に、オーヂンは只蜜酒のみを飲みて、肉は悉く左右の狼に与ふる例なれども、勇士等は、かの美女ヴルキールの介抱《かいはう》を受けて、ハイドルーンの乳房より流るゝ蜜酒を汲み、セリムニール（Serimnir）と呼べる牡豚の肉を食ひ、夜を徹《てつ》して、歓楽極まる所を知らず。かくて翌朝に至れば、如何なる創痍《そうい》も悉く癒《い》えて、勇士等は更に新なる元気を以て、其の日の戦に臨むことを得るなり。

いに槍を投げ、殺したり傷つけたりしたが、正午になると戦をやめて宮殿に帰り、オージンのそばに控え、一晩中の酒宴の席に着くのがいつものことだった。

この毎日の宴会で、オージンはただ蜜酒《ミード》だけを飲み、肉はすべて左右の狼に与えるのだった。勇士たちは、あの美女ヴァルキールの介抱を受け、ハイドルーンの乳房より流れる蜜酒を飲み、セリムニールという牡豚の肉を食べ、夜を徹して歓楽の限りをつくした。こうして翌朝を迎えると、どんな傷もみな治って、勇士たちはさらに新しい元気を得てその日の戦に向かうことができるのだった。

ヴァルハラ宮殿の歓楽は古代の北人の理想で、幼時よりこの天地の歓楽の宮殿の物語に親しんできた彼らは、成長するとその祖先の武勲を深く慕い、自らも光栄ある祖先のように、ヴァルハラの宴会に列席したいと願った。

ヴルハラ宮殿の歓楽は、古代の北人が最上の理想にして、幼時より此の天上の歓楽殿の物語に親《したし》める彼等は、長じて其の祖先の武勲《ぶくん》を慕《した》ふこと深く、其の身も光栄ある祖先の側《かたはら》に至りて、ヴルハラの饗宴に列せんことを念としければ、彼等は死に面して恐るゝ所を知らず、寧《むし》ろ戦死を以て無上の光栄と思ひ、戦終れる後、其の身の死して、ヴルハラに迎へられざりしを恥《は》づる風ありき。中には年既に老いて、命《めい》旦夕《たんせき》に迫れりと知るや、故《ことさ》らに其の体に傷《きずつ》けて、死後オーヂンの宴に侍する栄《えい》を願ふ者もありきとぞ。

彼らは死に直面しても恐れず、むしろ戦死を何よりの光栄と考え、戦の後、死んでヴァルハラに迎えられないことを恥とする風潮があった。なかには、年を取って命尽きる日が迫ったと知ると、故意に自分のからだに傷をつけ、死後、オージンの宴に控える栄誉を願う者もいたということである。

六　トールの遠征（上）

暗黒を愛し、光明を厭《いと》ふは、巨魔族の性にして、彼等は自ら氷雪と濃霧《のうむ》との世界を領するに慊《あきた》らず、仮にも光明と歓喜との世界の其の側に存在するが如きは、考ふるだに堪《た》へ得ざる所なりき。されば神々が新なる天地を造り、日月星辰《じつげつせいしん》を以て之を照らすを見るや、彼等の憤怒《ふんぬ》は殆《ほとん》ど其の極に達し、いつかは此の創造の事業を覆《くつがへ》して、悉く其の光明と歓喜とを奪《うば》ひ、世を挙《あ》げて再び暗黒の領に復《ふく》せずむば已《や》まじと誓ひぬ。かくて巨魔族は、一日千秋《いちにちせんしう》の思を以て其の復讐《ふくしう》の機会を待ちたれど、只トールの勇名と、巨槌《きよつゐ》ミョルニルの威力《ゐりよく》とを憚《はゞか》るが故に、未だ一たびも大挙《たいきよ》して来襲するに至らざりき。

かくアスガルドの安危《あんき》を一身に担《にな》へる雷神《らいじん》トールは、啻《たゞ》に其の身を金城鉄壁《きんじやうてつぺき》となして、巨魔族の来襲

六　トールの遠征（上）

暗黒を愛し光明を嫌うのは、巨魔族の性癖である。彼らは自分たちが氷雪や濃霧の世界を所有するだけでは満足せず、どんなことがあっても、光明と歓喜の世界のそばに存在するのは考えるだけでも堪えられなかった。

そんなわけで、神々が新しい天地を造り、日、月、星でこれを照らすのを見ると、彼らの怒りは極限に達した。いつかはこの創造の事業をくつがえし、すべての光明、歓喜を奪い、全力でふたたび暗黒の領地に戻さずにはおかぬ、と誓った。こうして巨魔族は一日千秋の思いで復讐の機会を待った。だが、トールの勇ましさの評判と巨槌ミョルニルの威力を怖れ、未だ一度も大挙して来襲するまでには至らなかった。

このようにアスガルドの安危を一身にになっていたトールは、ひたすらその身を金城鉄壁とし、巨魔族の来襲を防いでいた。それだけでなく進んで巨魔

を防げるのみならず、進んで魔界に入りて、其の威《ゐ》武《ぶ》を輝かせしこと、前後幾回なるを知らず。一日《あるひ》アスガルドの諸神、海神エーギル（Ægir）の館《やかた》に会して饗宴を張りしことあり。宴未だ半ばに至らざるに、エーギルが蓄《たくは》へし麦酒《ビール》悉く尽きたれば、諸神は更に新なる麦酒を醸《かも》して、酒宴を続けんと決議したれど、これに用うべき巨鑊《おほがま》なかりしかば、トールを遣はして、巨魔ヒーミル（Hymir）が秘蔵の鑊を求めしむ。ヒーミルの城には八箇の巨鑊ありて、其の中《うち》最も大なるものは、径半哩《けいはんマイル》、深さ一哩あり。トールは其の最大なるものを借らんと欲し、チールを案内として、ヨーツンハイムに赴《おもむ》きぬ。ヒーミルの城に到れば、其の宏大なること言語に絶し、炉中《ろちう》には巨大なる樹木炎々として燃え盛れり。やがて城外より帰れるヒーミルは、鬚髪《しゆはつ》悉く霜を帯びたるが、炉《ろ》辺《へん》に坐して珍客の来れるを聞き、怒《いか》つて眼を瞶《みは》れば、巨大なる円柱忽ち裂け、梁《はり》も亦折れて、八箇の鑊は

界に入り、自らの威武を輝かせたことがどれほど多かったかわからない。

　ある日、アスガルドの神々が海神エーギルの館に集まり宴会を催した。宴がまだ半ばに至らないうちに、エーギルがたくわえていたビールがすべてなくなった。神々はさらに新しいビールを造って酒宴を続けようとしたが、造るための大きな釜がなかった。そこで、トールに巨魔ヒーミルの秘蔵の釜を借りてこさせようとした。

　ヒーミルの城には八個の大きな釜があり、もっとも大きいのはさしわたし半マイル、深さ一マイルはあった。トールはそのいちばん大きい釜を借りたいと思い、チールに案内させてヨーツンハイムに行った。

　ヒーミルの城に着くと、その大きいこと、ことばでは表現できないほどで、炉のなかでは巨大な樹が炎々として燃えさかっていた。すぐに城外から帰ってきたヒーミルは髪も鬚もすべて霜だらけになっていたが、炉ばたにすわって珍客が来たのを聞き、怒って目を見開くと、巨大な円柱がたちまち裂け、

床に落ちて砕け散りぬ。炉中には予《かね》て三頭の牛の肉を串に差して炙れるものありしが、ヒーミルの共に夕餐《ゆふげ》を取らんことを命ずるや否や、トールは早くも其の二頭分を食ひ、更に三頭目の牛をも食はんとせしかば、巨魔は心に驚きて、「おゝ、汝《なんぢ》は吾等の食料を食ひ尽せり。明日は共に海に出でて多少の魚を捕へよ。」と言ひて臥床《ふしど》に入りぬ。

翌朝トールはヒーミルと共に船を艤《ぎ》して大海に漕《こ》ぎ出でしが、之に先ち《さきだ》ヒーミルの牧場にて一頭の種牛を捕へ、其の首を引捩《ひきちぎ》りて携へけり。やがて大洋の中心に到れる頃、トールはかの牛首を針に貫きて、ミッドガルド蛇の口辺に垂れ、故《わざ》とかの怪蛇《くわいじや》を釣りて、殆《ほと》んど水面に引上げしも、ヒーミルの驚きて糸を断ちしため、怪蛇は辛《から》うじて巨槌ミョルニルの一撃を免れたり。かくて此の日はヒーミルが釣れる二頭の鯨《くぢら》を携へて館に帰りしが、流石《さすが》の巨魔も私《ひそ》かにトールの怪力に舌を巻きければ、遂に其の請《こひ》を容れ

また梁《はり》も折れ、八個の釜は床に落ちて砕け散った。

炉のなかには、すでに三頭の牛の肉を串にさしてあぶったものがあった。ヒーミルがいっしょに夕食を、と命じるやいなや、トールはたちまち二頭分を平らげさらに三頭目を食べようとした。巨魔は内心驚いて、

「おお、あなたはわれらの食料を食べ尽くしてしまった。あすはいっしょに海に出て、いくらかでも魚を捕ってくれよ。」

といって床に就いた。

翌朝トールはヒーミルと船具を整えて大海に出た。これに先立ち、トールはヒーミルの牧場で一頭の種牛を捕え、切った首を携えていた。やがて大海の中心に出た頃、トールはあの牛の首を針で貫き、ミッドガルド蛇《サーペント》の口のあたりに垂らし、わざとその蛇を釣り水面に引き上げた。しかし、ヒーミルが驚いて糸を切ったので、蛇は辛うじて巨槌ミョルニルの一撃を免れた。

こうして、この日はヒーミルが釣った二頭の鯨を持って館に帰った。さすがの巨魔もひそかにトール

て、前日梁《はり》より落ちし折、幸に砕けざりし最大の鑊《かま》を与へけり。トール之を捧げて頭上に戴けば、鑊の耳は長く垂れて其の踵《くびす》に達し、彼《か》れの身は全く其の裡《うち》に隠れぬ。ヒーミルはトールが鑊を冠《かぶ》りつゝ、其の城を出づるを見るや、俄かに数多《あまた》の巨魔を駆り催ほして、其の後を追蹤《つゐしょう》しけるが、トールは纔《わづ》かに鑊を擡《もた》げたるのみにて、徐ろに追手を顧み、槌を執《と》つて一握《いちあく》すれば、指節《ふし》悉く白く、之を揮《ふる》へば、其の触るゝ所粉砕せざるはなし。遂に奮闘して悉く巨魔勢を斃《たふ》し、揚々としてアスガルドに凱旋《がいせん》せり。かくて海神エーギルの館に集へる諸神は、今トールが、宛然《さながら》巨人の帽子を被れる小児《こども》の如く、ヒーミルの巨《おほ》鑊《がま》を頭上に戴きつゝ、得々として帰来せるを見て、歓呼《くわんこ》して之を迎へ、直ちに麦酒を醸して、徹宵《てつせう》酒宴を張りけるとぞ。

の怪力に舌を巻き、ついに彼の願いを聞き入れ、前日、梁《はり》から落ちたとき幸いにも砕けなかったもっとも大きな釜を与えたのだった。

　トールがこの釜を大事にひっくり返して頭上にのせると、釜のとっては長く垂れてトールのかかとに届き、彼の姿は隠れてまったく見えなくなった。ヒーミルは、トールが釜をかぶって城を出たのを見ると、急に多くの巨魔をせきたてて追いかけさせ、後をつけさせた。だが、トールはわずかに釜を持ち上げただけで、ゆっくり追手をふり返り、槌をとって握ると指節《ふし》がみな白くなり、これをふるうとそれが触れた所はこなごなになった。

　ついにトールは巨魔勢をすべて倒し、意気揚々アスガルドに凱旋した。こうして海神エーギルの館に集まった神々は、トールがさながら巨人の帽子をかぶった子どものように、ヒーミルの大釜を頭の上にのせ得々として帰ってきたのを見て、歓びの声をあげて彼を迎えた。そしてすぐにビールを造り、夜を徹して酒宴を催したということだ。

七　トールの遠征（中）

　巨魔族がアスガルドに於てひとへに恐る丶所は、雷神トールの威武にして、トールに於て最も憚《はゞか》る所は、かの巨槌ミョルニルの威力なりき。されば巨魔族は其の大襲撃の準備として、先づトールより其の巨槌を奪はざるべからずとて、絶えず其の機会を窺《うかゞ》ひけるが、或時トールは長途《ちやうと》の旅行より帰り、疲れたる身を其の宮殿の階下に横へて、幾時かの熟睡を貪《むさぼ》りける隙に、其の側《そば》に置きたるミョルニルの槌を、何処にか見失ひぬ。此の報忽ちアスガルドに拡《ひろ》まりければ、諸神相集りて種々に詮議《せんぎ》を重ねたれど、何人も絶えて其の行方を知る者なかりき。只恐らくは巨魔族がミョルニルの威力を畏《おそ》る丶余り、潜《ひそ》かに神苑に忍び入りて、何処にか偸《ぬす》み去れるものならんといふことに一決しければ、平生詐略《へいぜいさりやく》に長じたるロキ

七　トールの遠征（中）

　巨魔族がアスガルドでひたすら恐れているのは、雷神トールの強い武力で、もっとも憚り避けたいのは、トールの持つあの巨槌ミョルニルの威力であった。まずトールからその巨槌を奪わなければならないと、絶えず機会をねらっていた。

　あるとき、トールは長い旅より帰り、疲れたからだを宮殿の階下に横たえてしばらく熟睡していた。その間に側においたミョルニルの槌を見失ってしまった。この知らせはたちまちアスガルドに広まり、神々が集まって調べたが、だれにもその行方はわからなかった。ただ、おそらくは巨魔族がミョルニルの威力をおそれてひそかに盗み、どこかに隠したのだろうと意見がまとまった。そこで、いつも詐略にきわ立っているロキをヨーツンハイムに行かせ、探させることにした。

　ロキは女神フレーヤに頼んで羽衣を借り、一羽の鷹に変装して巨魔界に入り、手をつくして調べた。

をヨーツンハイムに遣はして、其の所在《ありか》を捜《さぐ》らしむることとなりぬ。ロキは女神フレーヤに請うて、其の羽衣を借り、一羽の鷹に変装して巨魔界に入り、遍《あまね》く捜《さぐ》りて、かの巨槌が巨魔トリム（Thrym）の手に落ちて、九尋《じん》の地下に埋められてあることを確めければ、得意の弁舌《べんぜつ》を揮《ふる》つて、百方トリムを説きたれど、巨魔は既にミョルニルを手に入れたる上は、如何なる恫喝《どうかつ》も畏るゝに足らずとなして、初めは少しも取合ふ気色なかりしが、やがて口元に冷笑《れいせう》を浮べつゝ、徐《おもむ》ろに口を開きぬ。

「実《げ》にかの槌なくては永く汝等の領土を守ることは難《かた》からん。爰《こゝ》に一つの相談あり、美くしきフレーヤを送り来《きた》らば、槌は汝等の手に返さん。」

　ロキは之を聞きて直ちにアスガルドに帰り、諸神に向つて此の次第を報告しけるに、諸神何れもかの巨魔の無礼なる要求を憤《いきどほ》らざるはなきが中にも、女神フレーヤは其の侮辱《ぶぢよく》を感ずること深く、身を震は

そこで、あの巨槌が巨魔トリムの手に落ち、九尋《ひろ》（約十六メートル）の地下に埋められていることを確かめたので、得意の弁舌で力を尽くしてトリムを説得した。

　しかし、巨魔はすでに巨槌ミョルニルを手に入れているので、どんなおどしも恐れるに足らずと、初めは少しも取り合う気配はなかった。が、やがて口もとに冷笑を浮かべながらゆっくりと口を開いた。

「ほんとうに、あの槌がなくては、あなたがたが永く領土を守るのは難しいでしょう。そこで一つ相談があります。美しいフレーヤをいただけたら、槌はあなたがたに返しましょう。」

　ロキはこれを聞くとすぐにアスガルドに帰り、神々に向かってことの次第を報告した。神々はみな、巨魔の無礼な要求に怒りをあらわにした。なかでも、女神フレーヤは深い侮辱を感じ、身を震わせて泣き怒ったが、このとき、女神の首に掛けてあった宝石の首飾りがたちまちくだけ、たくさんの宝石が流星のように四方に飛び、女神の涙はかたまって砂金になった、ということだ。

して泣き怒《いか》りけるが、此の時此の女神の頸《くび》に掛けたる宝石の頸飾《くびかざり》は、忽ち破れて、数多《あまた》の宝石は、流星の如く四方に飛び、其の涙は凝りて砂金になれりきとぞ。

是に於てロキは余儀なく一策を案じ、強《し》ひてトールに勧《す》めて、其の偉大なる体躯《たいく》に、フレーヤの衣を纏《まと》はしめ、頸には宝石の頸飾を掛け、腰には黄金の帯を結び、其の顔を被衣《ヴェール》に包み、自ら介添《かひぞへ》となりて、共にヨーツンハイムに赴《おもむ》きける。巨魔トリムはロキがフレーヤを伴ひて来れりと聞き、一族を其の館に集め、盛宴《せいえん》を張りて之を迎へけるが、食卓に於て、かの仮装の花嫁《はなよめ》は、八匹の鮭《さけ》と十二羽の焼鳥とを食へる上、更に一頭の牛と三樽《たる》の蜜酒《ミード》とを飲み尽せるを見て、流石《さすが》の巨魔等も顔を見合せて、其の大食《たいしょく》に驚き合へり。ロキは傍らより言繕《いひつくろ》うて、

「花嫁御《はなよめご》はヨーツンハイムの王を其の夫とすることを喜ぶの余り、八日の間一片の肉をも、一滴の蜜酒

そこでロキはやむを得ず一策を考え出し、強いてトールに勧めた。トールの大きなからだにフレーヤの衣をまとわせ、首に宝石の首飾りをかけ、腰に黄金の帯を結び、顔をベールでつつみ、ロキが自ら介添となってヨーツンハイムに出かけていった。

巨魔トリムはロキがフレーヤを連れてきたと聞き、一族を館に集めて盛大な宴会を催して迎えた。しかし、仮装した花嫁が、八匹の鮭と十二羽の焼鳥を食べた上に、さらに一頭の牛を平らげ三樽の蜜酒《ミード》を飲み尽くしたのを見て、さすがの巨魔族もその大食に驚き、顔を見合わせた。

ロキは傍らでいい繕って、

「花嫁御は、ヨーツンハイムの王を自分の夫とするのを喜ぶあまり、八日の間、一切れの肉も一滴の蜜酒も口に入れることができずにいたのです。」

と説明したので、巨魔達も少し納得したようだったが、この話の間もトリムは好奇心にかられ、ベールの下から花嫁の顔を覗こうとし、驚いて身をひきつついぶかしげにロキに向かっていった。

「フレーヤの目は火のように輝いている。」

をも口に入れざりき。」

と説明しければ、巨魔等もやゝ納得せるが如くなりしが、此の間にもトリムは好奇心《かうきしん》に駆られて、被衣《ヴェール》の下より花嫁の顔を覗《のぞ》かんとし、驚きて身を退《すさ》りつゝ、不審《いぶかし》げにロキに向ひて、

「フレーヤの目は火の如く輝けり。」

と言ふ。ロキは咄嗟《とつさ》の頓智《とんち》にて、

「花嫁御は卿《おんみ》を慕《した》ふの余り、八日の間一睡《いっすゐ》をもなさゞりき。」

と言ひければ、トリムも全く疑ひ解け、遂に巨槌ミョルニルを運ばしめて、之を花嫁の膝《ひざ》に置きぬ。

　花嫁の手が巨槌の柄《え》に触《ふ》るゝと見るや、トールは忽ち其の仮装を脱して、巨魔族の面前《めんぜん》に立ち現れ、悉くトリムの一族を斃《たふ》し、再び槌を回復してアスガルドに凱旋せり。

ロキがとっさの頓知で、

「花嫁御はあなたさまを慕うあまり、八日間一睡もなさらなかったのです。」

というとトリムの疑いもすぐに解け、ついに巨槌ミョルニルを運ばせて、これを花嫁の膝の上に置いた。

　花嫁の手が巨槌の柄に触れるやいなやトールはたちまち仮装をぬぎ、巨魔族の前に姿を現した。そして、ことごとくトリムの一族を倒し、槌を奪い返してアスガルドに凱旋した。

八　トールの遠征（下）

トールは人知れずアスガルドを出でて、車をヨーツンハイムの方《かた》に駆りぬ。彼《か》れはヨーツンハイムの全土を遍歴《へんれき》し、巨魔族の最も勇強《ゆうきやう》なる者を索《もと》めて、其の武《ぶ》を比べんと思ひ立ちけるなり。此の度の遠征に関しては、トールは深く秘《かく》して、オーヂンにさへ其の行方を告げざりき。されど機敏《きびん》なるロキは、早くもトールのアスガルドを出づるを知り、其の後を追うて神苑の門に到り、切に同行を請ひければ、トールも快《こゝろよ》くこれを許し、更にヨーツンハイムの境界に到り、チアルフィ（Thialfi）と呼べる一少年を得て、従者《じうしや》となし、車を爰に乗棄てゝ、深く氷雪の領土に踏入りぬ。チアルフィは人間界に於ては名だゝる健脚家《けんきやくか》にして、山野を走ることさながら韋駄《ゐだ》天《てん》の如くなりき。彼れは食料を容れたる巨大なる嚢《ふくろ》

八　トールの遠征（下）

トールはひとりでこっそりアスガルドを出て、車をヨーツンハイムのほうに走らせた。彼はヨーツンハイム全土を遍歴し巨魔族のなかでもっとも強い勇者を探して、武芸を比べたいと思い立ったのだった。この遠征については秘密にしており、オージンにさえ行き先を告げなかった。けれども、機敏なロキはすぐにトールがアスガルドを出たことを知り、そのあとを追って神苑の門に来た。そしてひたすら同行を願い出たので、トールも快くこれを許した。

さらに、ヨーツンハイムの境界に来たところでチアルフィという少年と出会い、彼を従者とし、車をここに乗りすてて、深く氷雪の領土に足を踏み入れた。少年チアルフィは人間界では有名な健脚家で、山野を走ればまるで韋駄天《いだてん》のようであった。彼は食料を容れた巨大な袋をかつぎ、二神のうしろに従い、ヨーツンハイムの都《みやこ》のウトガルドを目指して路を急いでいたが、その日は荒れ果てたさびしく広い野原

を担ぎて、二神の後に従ひ、ヨーツンハイムの都なるウトガルド（Utgard）を指して路を急ぎけるが、其の日は荒涼《くわうりやう》たる曠野《くわうや》の中《うち》に暮れて、とある森の縁に辿り着きぬ。と見れば、其の前面に一軒の荒屋《あばらや》あり、前面は広き入口をなし、其の奥に細長き五箇の室《へや》ありて、広大なる屋内は空洞《ほら》の如く静かなりければ、三人は其の内に入りて宿れり。既にして真夜中と覚しき頃、時ならざるに一大轟音《いちだいがうおん》起りて、人々の夢を破りぬ。其の響はさながら大海の怒号《どがう》するが如く、其の激する毎に地を震ひ、家を揺《うご》かして、客人等の胆を奪へり。ロキとチアルフィとは恐惶《きようくわう》して戸外に出でんとしたれど、暗中に方向を誤りて、如何に焦慮《あせ》れども出口に到らず。辛うじて狭隘《けふあい》なる一室に逃げ込みて、纔《わづ》かに身を隠しぬ。トールも亦槌を取つて二人に続きたれど、彼れは終夜其の扉口に立ちて、警戒を怠《おこた》らざりき。恐ろしき響音と震動とは暁方《あけがた》まで続きければ、三人は終《つひ》に一睡をもなさず、

のなかで暮れ、ある森のはずれにたどり着いた。

　ふと見ると前に一軒の荒屋《あばらや》があった。前面は広い入口となっており、その奥に細長い五つの部屋があって、広い屋内は空洞のように静かだったので、三人はなかに入って宿とした。

　すでに真夜中と思える頃、時ならぬ一大轟音《ごうおん》が起こり、彼らの眠りを覚ました。その響きはまるで大海が怒り荒れ狂うようで、その激しい音のたびに地はふるい家はゆれて、客人達の胆《きも》をつぶした。ロキとチアルフィは恐れおののいて戸外に出ようとしたが、暗闇のなかで方向をまちがえ、いかにあせっても出口に行きつけなかった。辛うじて狭い室に逃げ込み、やっと身を隠した。トールもまた槌を手にしてふたりに続いたが、彼は一晩中その戸口に立って警戒を怠らなかった。恐ろしい響きと震動は暁方《あけがた》まで続いたので、三人はついに一睡もできなかった。夜の白むのとともに戸外に出て、森の入口にひとりの巨魔の、まるで小山のようなものが地に横たわって心地よさそうに眠っているのを見た。

　トールたちは、そこで初めて昨夜の鳴動がこの巨

夜の白むと共に戸外に出でけるに、森の入口に一個《ひとり》の巨魔の、さながら小山の如くなるが、地に横《よこた》はりて心地よげに眠れるを見たり。トール等は始めて昨夜の鳴動が此の巨魔の鼾声《いびき》に過ぎざりしことを発見すると共に、トールは怒心頭《いかりしんとう》に発して、忽ち巨槌を握り緊《し》めたれど、其の並外れて巨大なる姿を見ては、流石《さすが》のトールも気怯《きおく》れして、此の時のみは槌を揮ふるに躊躇したりといふ。其の時巨魔は徐《おもむ》ろに眼《まなこ》を開きければ、トールは何気なく其の名を問ふに、かの巨魔は柔和《にうわ》なる瞳をトールに注ぎつゝ、

「吾はスクリミル（Skrymir）なり。」と答へ、

「方々の名は問ふまでもなく、偉大なるトールの神と賢きロキの神に在《おは》しまさん。何しにアスガルドより遥々《はるぐ》此の地には来たりたまひしぞ。」といふ。

　トールはスクリミルの聡明《そうめい》なるを察し、此の如《かく》き巨魔に向つて虚言《いつはり》をいふも効《かひ》なしと思ひければ、包まず此度《こたび》の遠征の目的を語りて、ウトガルドに到る

魔のいびきにすぎなかったことを発見した。同時に、トールは怒り心頭に発し、すぐさま巨槌を握りしめた。が、その巨大な姿を見てさすがのトールも気おくれし、このときだけは槌をふるうのをためらってしまったという。

　このとき、巨魔がおもむろに目をあけたので、トールは何気なくその名を問うと、巨魔は柔和な瞳をトールに向け、

「わたしはスクリミルだ。」

と答え、

「みなさまの名は問うまでもなく、偉大なトールの神と賢いロキの神でいらっしゃるでしょう。何をするためにアスガルドよりはるばるこの地に来られたのですか。」

という。

　トールはスクリミルが聡明であることを察し、このような巨魔に対していつわりをいっても仕方がない、と思ったので、隠さずこの遠征の目的を話し、ウトガルドに行く道をたずねた。

　スクリミルはそれを聞き、ゆっくりその巨体を起

べき道を尋ねたり。スクリミルは之を聞きて、徐《おもむ》ろに其の巨躯《きよく》を起し、

「さらば吾が後について来られよ、ウトガルドへ案内致すべし。」と言ひつゝ、側《かたはら》にありし袋を肩に掛けて立上れば、頭《かしら》は林を抜きて、雲に達《とど》かんばかりなりき。かくて数歩を林の中に運べる頃、スクリミルは忽ち足を停めて、

「ほい、手套《てぶくろ》を忘れたり。」と呟《つぶや》きながら、身を屈《かゞ》めて身辺《あたり》を物色する気配なりしが、やがて長き手を伸べて、林の縁《へり》より摘《つま》み上げたるを見れば、昨夜一同の眠りし家なりき。

　これよりスクリミルは、終日《ひねもす》一同の先に立ちて進みけるが、其の大股の歩みには、流石《さすが》に疾足《あしはや》のチアルフィさへ、後より追附くに苦める程なりき。かくて日没に及び、一同はとある樫《かし》の樹蔭《こかげ》を選びて、其の夜の宿と定めけるが、スクリミルは已《おの》れの携へたる袋より二頭の羊と麦酒《ビール》の小樽《こだる》とを出して、悠々と

こし、

「では、わたしの後についておいでなさい。ウトガルドに案内しましょう。」

といいながら、わきにあった袋を肩にかけて立ちあがると、頭は林を突き抜けて雲に届きそうであった。

　こうして数歩、林のなかを行った所でスクリミルはすぐに足を止め、

「ほい、手ぶくろを忘れた。」

とつぶやきながら、身をかがめてあたりを探すような様子だったが、すぐに長い手をのばした。林の外側からつまみ上げたものを見ると、昨夜みんなが眠った家であった。

　これよりスクリミルは、終日、一同の先に立って進んでいった。が、その大股の歩みには、さすがに足の速いチアルフィさえあとからついていくのが苦しいほどだった。こうして日没になり、一同はある樫の樹蔭を選んでその夜の宿と決めた。スクリミルは自分が携えてきた袋から二頭の羊とビールの小樽を取り出し、ゆうゆうと食事をすませたあと、

「みなさまもこの袋を開けて、何でも自由に晩めし

食事を済ましたる後、

「方々《かた〴〵》も此の袋を開けて、随意《ずゐい》に晩餐《ゆふげ》を取らるべし。」

と言ひつゝ、はや雷《らい》の如き鼾《いびき》を立てゝ眠りけり。

トールは言はるゝがまゝに、スクリミルの袋を開かんとして、其の紐《ひも》に手を掛けたれど、結目堅くして如何にするも解けざりしかば、昨夜以来の癇癪《かんしやく》一時に発して、槌を取るや否《いな》や、巨魔の面部《めんぶ》に一撃を加へたり。されど巨魔は僅かに半眼を開き、頬《ほゝ》を撫でて、「木の葉や落つる?」と呟きつゝ、再び眠に落ちぬ。是に於てトールは更に満身の力を籠めて、前より激しく撃ちぬ。されど巨魔は僅かに身を起して呟きぬ。「樫実《どんぐり》が、吾が面《かほ》に落ちたるは?」斯く言ひつゝ、トール等の尚ほ眠らずして坐れるを見て、「卿等《おんみら》はまだ眠らざりしか。少し休まずば、明日の旅行に差支へん。」と語り了《をは》りて、再び眠りに入りぬ。トールは愈々《いよ〳〵》気を苛《いら》ちて、此度は双手《もろて》に槌を握

を食べてください。」

といってすぐに雷のようないびきをかいて眠ってしまった。

トールはいわれるままにスクリミルの袋を開こうとしてその紐に手をかけたが、結び目が堅くどうしても解けなかったので、昨夜来のかんしゃくが一度に爆発して、槌を手にするや否や巨魔の顔に一撃を加えた。

しかし、巨魔はわずかに半眼を開き、頬をなでて、

「木の葉が落ちた?」

などと呟きながらふたたび眠りに落ちた。

そこでトールはさらに満身の力をこめて前より激しく打った。しかし巨魔はわずかに身を起こして呟いた。

「どんぐりがわたしの顔に落ちたのか?」

こういいながら、トールたちがまだ眠らずにすわっているのを見て
「あなたがたはまだ眠っていないのですか。少し休まなければあしたの旅にさしつかえるでしょう。」

と、話し終わるとふたたび眠りに落ちた。

り、スクリミルの眉間《みけん》を目蒐《めが》けて、其の柄が頭蓋骨《づがいこつ》の中に没する程に、深く其の面部を撃ち凹《くぼ》めぬ。されど巨魔は只鼾聲《いびき》を止めしのみ、やがて身を起して、徐《しづ》かに頭上を見上げつゝ、「此の樹には鳥の巣くへりと見ゆ、吾が面《かほ》に何物をか落したり。」と呟きしが、トールの側《かたはら》に坐れるを見て、「卿《おんみ》ははや起きたるか？　最早明くるに間もあるまじ、今より出立せば、午頃《ひるごろ》にはウトガルドの門に達すべし。」と言ひつゝ、かの袋の紐を解き、中より炙肉《あぶりにく》の塊を取出して、朝餐《あさげ》を認《した》め、トール等にも勧めたり。食事の間にも、スクリミルはウトガルドの宏大なる有様を語りて、

「方々《かたぐ》は吾を以て非常に巨大なるが如く思はるゝやうなれど、ウトガルド・ロキ（Utgard-Loki）の宮廷に到らば、吾等が如きは此の国にては尚ほ巨人の列に入らざることを発見したまふべし。」

と言ひぬ。

トールはますますいらだち、今度は両手で槌を握り、スクリミルの眉間《みけん》をめがけて柄が頭蓋骨のなかに隠れるほど深く顔を打った。しかし巨魔はいびきをやめただけですぐに身を起こし、静かに頭上を見上げながら、

「この木は鳥が巣くっていると見える。わたしの顔に何ものかを落としたようだ。」

と呟いたが、トールがわきにすわっているのを見て、

「あなたはもう起きたのですか。もうじき夜も明けるでしょう。今から出発すれば、昼頃にはウトガルドの門に着くでしょう。」

といいながらあの袋の紐をほどき、なかからあぶり肉のかたまりを取り出して朝食をとり、トールたちにも勧めた。食時の間にも、スクリミルはウトガルドの宏大な有様を語り、

「みなさまはわたしを非常に巨大なものに思われるようだが、ウトガルド・ロキの宮廷に行ったら、わたしなどはこの国ではやはり巨人のなかには入らないことがおわかりになるでしょう。」

といった。

斯くてスクリミルは、かの袋を肩に掛けて、昨日の如く先に立ちて進みけるが、遥かにウトガルドの門を望む所に到りて、スクリミルは足を停《とゞ》め、トール等を顧みて、

「既にウトガルドに来りたれば、吾れは爰《こゝ》にて暇《いとま》を給はるべし。仮令《たとひ》疇昔《きのふ》の敵なりとも、礼を以て賓客《ひんかく》を遇するは、此の国の習慣《ならひ》なれば、方々はウトガルド・ロキの宮廷にて懇《ねんご》ろなる待遇を受けたまふべし。只一つトールの神に申し置かん、余りに卿《おんみ》の力を誇りて、自慢の鼻を折られぬやう呉々《くれぐ》も用心したまへ。」

といひ、三人に別れを告げて、飄然《へうぜん》として林の中に其の姿を隠しぬ。


斯くてトール等は、ウトガルドの門に近づきけるに、其の城門は高く天に聳《そび》えて其の頂上を眺めんとすれば、殆《ほと》んど天を仰ぐに等しかりき。城門を入りて進めば、少時《しばらく》にして一の宏壮《くわうさう》なる宮殿に達しぬ。


こうしてスクリミルはあの袋を肩にかけ、昨日のように先に立って進んでいった。はるかにウトガルドの門が見える所に来てスクリミルは足を止め、トールをふり返って、

「もうウトガルドに来たので、わたしはここでおいとまをいただきましょう。たとえきのうの敵であろうとも、礼をもって客人を迎えるのはこの国の習いですから、みなさまはウトガルド・ロキの宮廷で手あつい待遇をお受けになるでしょう。ただ一つ、トールの神に申しておきましょう。あまり御自分の力を誇って自慢の鼻を折られぬよう、くれぐれも用心なさるように。」

といい、三人に別れを告げてふらりと林のなかに姿を消した。


このようにして、トールたちはウトガルドの門に近づいたが、その城門は高く天にそびえ立って、頂上を眺めようとするとほとんど天を仰ぐようであった。城門を入って進むと、しばらくして大きく立派な宮殿についた。さらに進んでそのなかに入ると、ウトガルドの王のウトガルド・ロキは、近づきがた

進んで其の中に入れば、ウトガルドの王なるウトガルド・ロキは儼然《げんぜん》として正面の玉座に即《つ》き、其の周囲《まはり》には、数多《あまた》の臣下《しんか》肩を並べて居流れたるが、何れも山の如き巨人なりき。ウトガルド・ロキは、三人の近づくを見て、慇懃《いんぎん》に之を迎へ、先づ其の旅行の目的を問ひければ、トールは自ら其の名を名乗りて、此の国の勇者と力を角《かく》せんが為に来れる由を語りぬ。ウトガルド・ロキは之を聞きて、嘲《あざけ》るが如き笑顔を示しつゝ、

「アスガルドの保護者たるトールの神の勇名は、吾れ之を聞くこと久し。吾等が一族の間にも、卿《おんみ》の敵手《あひて》たるべきものあらん。されどそれに先立ちて卿の従者をして吾が臣下の一人と勝負を試みしめよ。卿の従者は如何なる事に秀《ひい》でたるぞ。」

と言ふ。トールは答へて、チアルフィの競走に長じたることを告ぐれば、王は列座の巨魔中よりフーギー（Hugi）と呼べる一青年を選びて、チアルフィ

い威厳ある態度で正面の玉座についており、そのまわりには大勢の臣下が肩を並べてすわっていたが、いずれも山のような巨人であった。

ウトガルド・ロキは三人が近づくのを見てていねいに彼らを迎え、まずその旅行の目的をたずねたので、トールは名を名乗り、この国の勇者と力試しをしたいために来たと理由を話した。

ウトガルド・ロキはこれを聞き、馬鹿にしたような笑顔を見せながら、

「アスガルドの保護者であるトールの神が勇敢だという評判を聞いて、永い時が経っている。われら一族の間にもあなたの相手になれるものがあろう。しかしその前に、あなたの従者をわが臣下のひとりと勝負させてみよ。あなたの従者はどんなことに秀でているのか。」

といった。

トールが答えて、チアルフィが競走に秀れていることを告げると、王は列席の巨魔からフーギーという青年を選んで、チアルフィと競走せよ、と命じた。

ふたりは支度を整え、広い野原に出て三番勝負を

と競走せよと命じたり。二人は支度を整へて、広き草原に出で、三番の勝負を試みけるが、最初の一番より続けてチアルフィの負となり、最後に、チアルフィは半哩《マイル》の先発《スタート》を得て競技を始めたれど、それにても忽ちフーギーに抜かれて、遂に無惨《むざん》の敗を取りぬ。

是に於てロキは進み出でて、

「吾れに一芸あり、競食《くひくらべ》に於ては、恐らく何人にも敗《ひけ》を取らじ。座中の一人をして吾れと競食《きやうしよく》せしめられなば、吾が言の偽《いつはり》ならざるを知るべし。」

と言ひければ、王は遥かの末座にありしロギ（Logi）と呼べる臣下を招き、肉を満載《まんさい》せる大なる木槽《きぶね》を二人の間に置きて、両端より其の肉を食はしめき。ロキは得意の秘術を揮つて、瞬《また》く間《うち》に木槽に盛れる肉の半《なかば》を食ひ尽したれど、不図《ふと》相手の方を見るに、かのロギは単に肉のみならず、骨も木槽も残りなく其の半を食ひ尽したれば、此の勝負も亦たロ

試みたが、最初の一番より続けてチアルフィの負けとなった。最後にチアルフィは、半マイル（約八百メートル）先のスタートで競技を始めたが、それでもたちまちフーギーに抜かれ、ついに無惨な敗北となった。

そこで、ロキは進み出ると、

「わたしに一芸があります。食い競べではおそらく誰にも負けないでしょう。誰かひとり、わたしと食い競べをしてみたら、わたしのことばの偽《いつわり》でないことがわかるでしょう。」

といったので、王は遠い末座にいたロギという臣下を招き、肉を大量に載せた大きな木の器をふたりの間に置き、両端より食べさせた。ロキは得意の秘術を揮《ふる》い、またたく間に器に盛った肉の半分を食い尽くした。が、ふと相手を見ると、ロギは単に肉だけではなく、骨も木の器も残らずその半ばを食べ尽くしていたので、この勝負もまたロキの負けと決まった。

「では、いよいよ武勇絶倫のトールの神のお手並を見せていただこう。」

キの負と定まりぬ。

「さらば愈々《いよ〳〵》武《ぶ》勇絶倫《ゆうぜつりん》なるトールの神の御手並《おてなみ》を拝見すべし。」と、王は悄然《せうぜん》として退《さが》り行くロキの後姿を見送りつゝ、嘲《あざけ》るが如き口調にて、トールに挑みければ、トールは憤然《ふんぜん》として躍《をど》り出で、

「吾れに酒盃《さかづき》を与へよ、如何なる酒盃にても一口に飲干すべし。」と叫びたり。是に於て王は左右に命じて一の酒盃を運ばしめ、之をトールの前に置きて言ふやう、

「こは吾が諸臣《しょしん》が饗宴の儀式に背《そむ》ける時、罰杯《ばっぱい》として与ふる酒盃なり。吾等が中の弱輩《じゃくはい》にても三口《みくち》にて之を飲干すは容易なり。稍《やゝ》強き者ならば、二口に足らず。卿《おんみ》の如き勇士ならば、只一息に飲干さん。」

トール其の酒盃を取りて見るに、稍《やゝ》長目なれど、さして巨大ならざる角盃なれば、心に嘲りつゝ、直ちに唇《くちびる》に当てゝ長く息を引きぬ。されど酒盃を置けば、盃中の酒は尚ほ一毫《いちがう》をも減《げん》ぜざりき。トールは

と王は肩を落として退《さ》がっていくロキの後姿を見送りながら嘲るような口調でトールに挑んできたので、トールは憤然として立ちあがって、

「われに酒盃《さかずき》を与えよ。どんな酒盃でも一口で飲み干そう。」

と叫んだ。

そこで王はそばにいる者に命じて酒盃を一つ運ばせて、トールの前に置いていった。

「これはわが家来が饗宴の儀式に背いたとき、罰として与える酒盃である。われらのなかの未熟者でも三口でこれを飲み干すのはたやすい。少し強い者ならば二口に足りない。あなたのような勇士ならただ一息に飲み干すだろう。」

トールがその酒盃を取ってみると、少し長目だがそれほど巨大ではない角盃なので、内心嘲りながらすぐに唇を当てて一息に飲んだ。しかし酒盃を置くと、盃のなかの酒はもと通り、ほんの少しも減ってはいなかった。トールはふたたび飲み、三たび飲んだが、盃のなかをのぞくと酒はわずかに減っているだけであった。

再び飲み、三たび飲みたれど、盃中を覗《のぞ》けば、酒は僅かに減少せるのみなりき。

魔王は之を見て愈々《いよいよ》嘲笑《ちょうせう》の語気《ごき》を高めぬ。

「卿《おんみ》は吾が考へし程には強からず。されど爰に他の遊戯《いうぎ》あり、こは此の国にては小児《こども》等の好んでする事なれば、アスガルドの守護者には造作もなき事なるべし。そは只吾が猫をさし挙ぐることのみ。」

斯く言へる時、一匹の巨大なる灰毛の猫は忽然《こつねん》として、トールの眼前に立ちたり。トールは物をも言はず、猫を摑《つか》みて床より挙げんとしたれど、猫はさながらに大地より生えたる巌《いはほ》の如く、トールが満身の力を注ぎて、纔《わづ》かに片足を挙げ得たるのみ。

魔王は愈々嘲笑の眼《まなこ》をトールに注ぎつゝ、左右を顧みて言ふ。

「此の競技も亦た吾が予想に背《そむ》かざりき。猫は大なり、されどトールの神は吾が国人に比ぶれば小なればなり。」

魔王はこれを見てますます嘲笑の語気を強めた。

「あなたはわれが考えたほどには強くはなかった。しかし、さて、ほかの遊びがある。これは、この国では子どもたちが好んですることなので、アスガルドの守護者にはたやすいことであろう。それは、わが猫をさし挙げるだけのことだ。」

こういったとき、一匹の巨大な灰色の猫が急にトールの目の前に立った。トールはものもいわず猫をつかんで持ち挙げようとしたが、猫はまるで大地より生えた大きな岩のようで、トールが満身の力をふりしぼってもわずかに片足を挙げることしかできなかった。

魔王はますます嘲笑の眼《まなこ》をトールに向け、左右を返り見ていった。

「この競技もまた、われの予想にそむかなかった。猫は大きい。しかし、トールの神は、わが国人に比べれば小さいからだ。」

これを聞いて、トールは激怒して王に向かい、

「あなたは、われを小さいと馬鹿にする。では試しにあなたの臣下とわれと力くらべをさせよ。」

是れを聞きてトールは憤然《ふんぜん》として王に向ひ、

「汝《なんぢ》は吾れを小なりと嘲《あざけ》る。さらば試みに汝の臣下をして吾れと力を角せしめよ。」と言へば、魔王は哀れむが如くトールを打眺めつゝ、

「卿《おんみ》の大言《たいげん》は悉く空虚なりき。卿と力を角せんには、吾が乳母《うば》エリー（Ellie）にて十分なるべし。」

と言ひて、遥かに広間の彼方に眼《まなこ》を転じぬ。其の時広間の一端より弓の如く腰を屈《かゞ》めて、とぼ〳〵と歩み来る一人の老婆《らうば》あり。歯は悉く脱《ぬ》け落ち、両眼も既に視力を失ひたれど、さながら其の心に不思議の能力を具《そな》へたる人の如く、真直《まつすぐ》にトールの方《かた》に歩み寄りて、其の前にて歩みを停めたり。

魔王は尚ほもトールに向ひて、

「其の老女を軽んずること勿《なか》れ、幾多の男子はみな彼女の前に不覚の敗れを取りたればなり。」

と注意するをも待たず、トールは双手《もろて》に老婆を捉《とら》へ、満身の力を籠めて一気に投げ倒さんと試みしも、老

というと、魔王は哀れむようにトールを見つめ、

「あなたの大げさな言葉はすべてむなしい。あなたと力くらべをするのにはわが乳母エリーで十分であろう。」

といって、遠く広間の先のほうに目をやった。

そのとき、広間の端より弓のように腰を曲げてとぼとぼと歩いてくるひとりの老婆がいた。歯はすべて抜け両眼もすでに視力を失っていたが、まるで心に不思議な能力をそなえている人のように、まっすぐにトールのほうに歩み寄り、彼の前で立ち止まった。

魔王が、なおトールに向かって、

「その老女を軽くみてはならない。何人もの男子がみな彼女の前で、無意識に油断して負けているからだ。」

と注意するのも待たず、トールは両手で老婆をつかみ、満身の力をこめて一気に投げ倒そうと試みた。だが、老婆はそのやせた腕にトールのからだをしっかりつかんで、巨岩のように動かない。トールがあせればあせるほど老婆はさらにしっかりトールをつ

婆は其の瘠《や》せたる腕《かひな》にトールの身を緊《しか》と摑みて、動かざること盤石《ばんじやく》の如く、トールが焦れば焦る程、老婆は愈々堅くトールを摑みければ、流石《さすが》の雷神も次第に力尽きて、思はず片膝を床に突きね。是に於て老女は始めて手を緩め、嘲るが如き笑を残して、再びとぼ〳〵と広間を出で行きけり。

　トールは再三の敗北を深く心に恥ぢ、倉皇《さうくわう》別れを告げて、ウトガルドを去らんとせしが、魔王は懇ろにトールらを慰め、

「吾等をして互に一切の虚栄《きよえい》と愚《おろか》なる誇《ほこり》とを棄てゝ、百年の知己《ちき》の如く、一夜の饗宴を共にせしめよ。」

とて、一大饗宴を催ほして遠来の珍客をもてなしければ、トール等も喜んで其の好意を受け、一切の怨みを忘れて、楽しく其の夜を送りけり。

　翌朝トール等は、ウトガルドの人々に別れを告げて、宮廷を出でけるに、ウトガルド・ロキは其の賓《ひん》客《かく》を送りて、共に城門に到りぬ。別れに臨み、魔王

かんだので、さすがの雷神も次第に力尽きて、思わず片膝を床についた。こうなって、はじめて老女は手をゆるめ、嘲るような笑いを残してふたたびとぼとぼと広間を出ていった。

　トールは再三の敗北を深く心に恥じ、ふだんの落ちつきをなくした。別れを告げてウトガルドを去ろうとしたが、魔王は心をこめてトールを慰め、

「われら、互いに一切の虚栄と愚かな誇りを捨て、百年の知己のように一夜の宴会を共にされよ。」

といって大宴会を催して遠来の珍客をもてなした。トールたちも喜んでその好意を受け、一切の怨みを忘れて楽しくその夜を過ごした。

　翌朝、トールたちはウトガルドの人々に別れを告げ、宮廷を出たが、ウトガルド・ロキはその大事な客を送っていっしょに城門に来た。別れに際し、魔王はトールに向かって今回の旅行についての感想を聞くと、トールは、

「われはこの国に来たことを後悔している。」

と答え、

はトールに向ひて、今回《このたび》の旅行に就きその感想を尋ねければ、トールは答へて、

「吾れは寧《むし》ろ此の国に来りしを悔ゆ」といひ、「最も遺憾に堪へざるは、吾が去りし後、ヨーツンハイムの住民をして、永く吾が弱小を笑はしめんことなり。」と言ひ添へたり。

「否《いな》。」ウトガルド・ロキはトールの語を遮《さへぎ》るが如く言ひぬ。「今や城門の外にあり、汝は再び此の都を踏む時なかるべし。されば今こそ実《じつ》を以て汝に告げん。汝真に敗北せり。然れども是れ深く恥づるに足らず。みな幻術《げんじゅつ》を以て汝の目を暗ませるものなればなり。初めに林に於て汝に会ひ、而《しか》して汝を此処に導けるは吾れなりき。吾れは彼の時より汝の力の恐るべきを見たり。彼の袋の紐は実は吾が魔術を以て結べるものなりき。汝は槌を以て三たび吾が面を撃ちたり。されど吾れは巧みに身を交したるが故に、汝の槌は只山を撃てるに過ぎざりき。見よ、彼処《かしこ》の

「もっとも残念でならないことは、われが去った後、ヨーツンハイムの住民に永くわが弱小を笑わせようとすることだ。」

といい添えた。

「それは違う。」

ウトガルド・ロキはトールの言葉をさえぎるようにいった。

「今はもう城門の外で、あなたは二度とこの都に来ることはないだろう。それゆえ今こそ真実を告げよう。あなたはほんとうに敗北したのだ。しかしこれは深く恥じることではない。みな、幻術であなたの目を暗ませたのだから。初め、林であなたに会い、それからあなたをここに導いたのは、われであった。われはあのときからあなたの力の恐るべきものを見た。あの袋のひもは、実はわれが魔術で結んだものなのだ。

あなたは槌で三度わが顔を打った。しかし、われはうまく身をかわしたので、あなたの槌はただ山を打ったにすぎなかった。見よ、あそこの山腹に並んでいる三つの谷はほんとうはあなたが造ったものだ。

山腹《さんぷく》に相並べる三條《みすじ》の谿《たに》は、洵《まこと》に汝の作れる所なり。ウトガルドの宮殿に於ける競技とても、同様なり。かのチアルフィと競争せるフーギーは、実は「思想《ソート》」其の物にして、ロキと競食せるロギは、実に何物をも食尽《しよくじん》する「火《ファイア》」其の物なりき。誰か「思想」と競争して、よく勝ち得る者あらんや。又誰かよく「火」の如く一切の物を食ひ尽すを得んや。若《も》し夫《そ》れ汝が飲み干さんとせるかの酒盃《さかづき》の底は、直ちに大海に連《つらな》れり。誰れかよく彼の大洋の水を干さんや。然《し》かも汝長く引きて、海は退潮《ひきしほ》の如く低まれり。又汝がかの猫を摑みて其の片足を挙げし時、吾らは覚えず身を震はしたり。かの猫は実に世界を周繞《ゐねう》するミッドガルド蛇《サーペント》なり。汝若し之を放たば、世界は其の支持者を失ひて忽ち壊滅《くわいめつ》に帰《き》せざるべからず。最後に汝の角力《すま》へる彼の老女は即ち「老年」なり。何者かよく彼れを投ぐるを得んや。如何なる勇士も彼女の手中に於てはさながら孩児《あかご》の如し。然かも汝

ウトガルドの宮殿での競技でも同じだ。あのチアルフィと競走したフーギーは、実は「思想《ソート》」そのもので、ロキと競食したロギは、ほんとうに何物をも食べ尽くす「火《ファイア》」そのものなのだ。

誰が「思想」と競走して勝てる者がいるだろうか。そんな者はいない。また、誰が「火」のように一切の物を食い尽くすことができよう、そんな者はいない。

そもそも、あなたが飲み干そうとしたあの酒盃の底は、直接そのまま大海につながっていた。誰があの大海の水を飲み干せようか、そんなことはできない。しかも、あなたが飲んだことで海はひき潮のように低くなった。

また、あなたがあの猫をつかんで片足を挙げたとき、われらは思わず身震いした。あの猫は実は世界をとりまくミッドガルド蛇《サーペント》なのだ。あなたがこれを放せば、世界はその支持者を失ってたちまち壊滅しないではいられなかっただろう。

最後に、あなたが張り合ったあの老女は、つまり「老年」だ。だれが、あの人を投げられよう。どん

は彼女と角して、纔《わづ》かに片膝を突きたるに過ぎざりき。」

　斯く語り了《をは》りて魔王は慇懃《いんぎん》にトールの手を握りて言ふ。

「吾等の別れを告ぐべき時は来れり。汝再び此の国に来ること勿《なか》れ。汝の力は偉大なり、されど吾れも亦汝を防ぐべき術《すべ》を知れり。」

　トールは之を聞くや、憤然《ふんぜん》其の槌を握りて、魔王の頭上に一撃を与へんとせし時、巨魔の姿は、ウトガルドの魔城と共に煙の如く消えて、只茫々《ばうばう》たる氷原《ひようげん》の其の前に連るものあるのみ。


な勇士も彼女にとっては赤児同然である。それでもあなたは彼女と戦って、わずかに片膝をついたにすぎなかった。」

　このように話し終わって、魔王は礼儀正しくトールの手を握っていった。

「われらの別れをいうときが来た。あなたは再びこの国に来てはいけない。あなたの力は偉大だ。しかし、われもまた、あなたを防ぐ方法を知っている。」

　トールはこれを聞くと、ひどく腹をたて、あの槌を握って魔王の頭に一撃を与えようとした。

　しかしそのとき、巨魔の姿はウトガルドの魔城とともに煙のように消え、ただ茫々とした氷原が目の前に広がっているばかりであった。

九　ロキの詐略《さりやく》（上）

トール神の妻なる女神シーフが、一日《あるひ》仮睡《うたゝね》の夢より覚めし時、其の無二の誇とせる黄金《こがね》の頭髪《かみ》は、無《む》惨《ざん》にも根元より切り去られてありき。シーフの驚きと悲みとは如何なりけん。彼女は殆んど全世界を失へるが如くに感じたり。「夫トールが最大の誇たり歓びたりしかの金髪よ。」彼女は其の失はれたるを思ふと共に、殆ど全生命を切り去られたるが如くに感じたり。彼女は再び夫に見《まみ》えじと誓ひつゝ宮殿を降《くだ》りて、庭の繁みに身を隠しぬ。

暫時《しばらく》してトール神は、外より帰り、其の妻の在らざるを異《あやし》みて、隈なく宮殿の内外を捜したる後、漸《やうや》うにしてとある石の背後《うしろ》に身を投げ伏して泣き沈めるを発見せり。シーフは其の頭を双手《もろて》の中に掩《おほ》ひつゝ、初めはたゞ嘘唏《すゝりなき》するのみなりしが、トールは

九　ロキの詐略（上）

トール神の妻シーフが、ある日、うたたねの夢から覚めると、彼女が無二の誇りとしている黄金の髪が無惨にも根元から切り取られていた。シーフの驚きと悲しみはいかばかりであったろう。彼女はほとんど全世界を失ったように感じたのであった。

「夫トールがもっとも誇りとし歓びとしたあの金髪よ。」

彼女はそれが失われたと思うと、ほとんど全生命を奪われたように感じた。彼女は二度と夫に会うまいと誓い、宮殿を降りて庭の繁みに身を隠した。

しばらくして、トール神は外から帰ってきて妻のいないのを不思議に思い、宮殿の内外をくまなく探した。そしてようやく、ふと目にした石の後に身を隠し泣いている妻を見つけた。シーフは頭を両手でおおい、初めはただすすり泣くだけだったが、トールはあらゆる慰めの言葉をかけ、問いかけ、初めてわけを知ると烈火のごとく怒り、

百方慰め問ひて、始めて其の理由を知るや、烈火の如く憤《いきどほ》り、

「こはロキの所為に相違なし。ロキならで何人か此くの如き悪戯《わるさ》をなさんや。いざ彼れを糺問《じんもん》して必ず此の償ひをなさしむべし。」

とて直ちに其の宮殿を出でて、ロキの許に赴きけり。

ロキは此の時其の宮殿の中にありしに、トールがさながら夜叉《やしゃ》の荒れたるが如き勢にて、入り来れるを見て、早くも其の悪事の露顕《ろけん》したるを知りたれど、トールの権幕《けんまく》に魂を奪はれたる彼れは、平生《ひごろ》の詭弁《きべん》を弄《ろう》する余裕もなく、直ちに其の罪を告白して、ひとへにトールの慈悲を乞ひぬ。此の時ロキはシーフの金髪は必ず元の如くなすべしと誓ひければ、トールも僅かに怒りを和《やはら》げて、堅く其の誓約を守るべきことを条件として、ロキの罪を宥《ゆる》したり。

凡《すべ》ての美《うる》はしきものを嫉《ねた》み、凡ての善きものを憎むは、ロキが本来の性なりき。此の日ロキはトール

「これはロキのしわざに違いない。ロキ以外誰がこのようなわるさをするだろう。さあ、彼を問いつめて必ずこの償いをさせねばならぬ。」

といって、すぐに宮殿を出てロキのもとに行った。

ロキはこのとき宮殿のなかにいたが、トールがまるで夜叉《やしゃ》が荒れたような勢いで入ってくるのを見て、早くも悪事が気づかれてしまったのを知った。が、トールの権幕に魂を奪われた彼は、日頃の強引ないいのがれをする余裕もなく、すぐに自分の罪を告白し、ひたすらトールの慈悲にすがった。そして、シーフの金髪は必ずもとのようにすると誓ったので、トールもわずかに怒りを和らげ、彼が誓約をかたく守ることを条件として罪を許したのだった。

すべての美しいものをねたみ、すべての善いものを憎むのがロキの本来の性格であった。この日、ロキはトールの宮殿のわきを通りかかってふとその階段の上を見上げると、女神シーフがあの美しい黄金の頭髪を長く垂らして心地よさそうに眠っている姿が目に止まった。するとり、日頃の性癖がむらむらと起こった。ひそかに階段の下に忍び寄り、何も考え

が宮殿の側《かたはら》を通りかゝりて、不図《ふと》其の階段の上を見上げしに、女神シーフがかの美はしき黄金の頭髪《かみ》を長く垂れて、心地よげに熟睡しつゝある姿の目に留まりければ、日頃の性癖むら〳〵と起りて、潜《ひそ》かに階段の下に忍び寄り、前後の思慮もなく、女神が自慢の金髪を切り取り、北叟笑《ほくそゑ》みつゝ其の場を去りけるが、其の金髪は固《もと》より用もなきものなれば、後の証拠《しょうこ》を残さじとて何処《いづこ》にか失ひけり。

　されば今トールの凄まじき権幕に心怯へて、「必ず元の如くなさん」とは誓ひたれど、元の金髪は既に失ひたれば、せめては元のものと似つかはしき金髪を、何処にてか索《もと》めて、トールとの約を果さゞるべからず。ロキは此くの如き事にかけては、かの地の精なる矮人《こびと》の技能の用ふべきことを知りければ、直ちにビフロスト橋を渡りてミッドガルドに降《くだ》り、とある山間の谿谷《けいこく》を辿りて、程なく其の水源に達しけり。ロキは予《かね》て此の水源の巌《いはほ》の罅隙《さけめ》より地下の世

ずに女神の自慢の金髪を切り取り、してやったりと笑みを浮かべながらその場を離れたのだ。だが、その金髪はロキにとっては用のないものだったので、後の証拠を残さないようにどこかにやってしまった。

　そこで今、トールのすさまじい権幕におびえ、

「必ずもとのようにします。」

と誓ったが、もとの金髪はもうなくしてしまっていたので、せめてもとの髪と似た金髪をどこかで探して、トールとの約束を果たさないわけにはいかない。だがロキはこのような事にかけては、あの地の精である小人の技能を用いればよいことはわかっていた。そこで、すぐにビフロスト橋を渡ってミッドガルドに行き、ある山間の谿谷をたどってほどなくその水源についた。ロキは以前からこの水源の岩の裂け目より地下の世界に降る通路を知っていたので、まもなく小人の国に着いた。そして、あの女神シーフの金髪と似た黄金の髪を作るように命じた。

　小人はもともと暗黒の精で、光を厭い闇を慕う性癖で、その点、ロキと相通じるところがあった。ア

界に降《くだ》るべき通路を暗《そらん》じたれば、程なく矮人《こびと》の国に到り、かの女神シーフの金髪と似つかはしき黄金の頭髪《かみ》を造らんことを命じたり。

　矮人はもと暗黒の精にして、其の光を厭《いと》ひ、闇を慕ふ性癖に於て、ロキと相通ずる所ありければ、アスガルドの諸神中、ロキとは特に親昵《しんぢつ》し、ロキの命とあれば、如何なる難事をも否まざりき。されば今ロキの命と聞くや、矮人らは直ちに其の仕事にかゝり、先づ黄金の棒を延べて、無数の糸を造り、更に之を打ちては延べ、延べては打つ程に、糸は次第に長く、次第に纖《ほそ》くなりて、遂に日光の如く輝き、絹の如く靫《しな》やかなる一束の金髪とはなりぬ。ロキは矮人より受けて之を見るに、色といひ、光沢《つや》といひ、かのシーフの頭髪に優るとも劣る所なかりければ、ロキはトールに対する誓約の果さるべきを思うて、私《ひそ》かに心に安んじけり。

　されど此の時ロキは尚ほ他の諸神の怒りを心に恐

スガルドの神々のなかでは特にロキと親しく、ロキの命令とあればどんな難しいことでも拒まなかった。そんなわけで、今、ロキの命令を聞くと、小人たちはすぐにその仕事にとりかかった。まず黄金の棒を延ばして無数の糸を作り、さらにこれを打っては延ばし、延ばしては打った。糸は次第に長く次第に細くなって、ついには日光のように輝き、絹のようにしなやかな一束の金髪になった。

　ロキが小人からそれを受け取ってこれを見ると、色といい光沢といいあのシーフの髪に優るとも劣らぬものだった。ロキはこれでトールに対する誓約を果たすことができると思い、ひそかに安堵した。

　しかし、このときロキはなお他の神々の怒りを恐れ、さらに小人たちに命じてオージンとフレールのために二種の珍しい宝を造らせた。

　小人たちは命令に応じ、オージンのためにグンガアという槍を作り、フレールのためにはスキドブラードニールという不思議な船を造った。グンガアの珍しい特徴は、いったんこれを投げれば必ずその目標を貫くことであった。またスキドブラードニー

れければ、更に矮人《こびと》らに命じて、オーヂンとフレールとのために二種の珍宝《ちんぽう》を造らしめき。矮人らは命に応じて、オーヂンのためにグンガア（Gunger）と呼べる槍《やり》を造り、フレールのためにはスキドブラードニール（Skidbladner）と呼べる不思議の船を造りぬ。グンガアの奇特《きどく》は一たび之を投ずれば、必ず其の目標を貫《つらぬ》くことにして、スキドブラードニールは、之を畳めば、一握にも足らざる程なれど、之を開けばアスガルドの諸神を始め、其の武器と調度とを合せて悉く容るゝに足るが如く、精巧《せいかう》を極めたるものなりき。

　ロキは此の三品を携へて直ちにアスガルドに帰りけるに、諸神は悉くトールの宮殿に集りて、ロキの誓約を果すや否やを実見《じつけん》せんと待ち構へたる所なりき。ロキはトールの気色を窺《うかゞ》ひつゝ、恐る〳〵其の前に進めば、女神シーフは尚ほも双手《もろて》に其の頭を掩《おほ》ひつゝ、夫の側に坐りて泣き居たり。ロキは躙《にじ》り寄

ルは、たたむと一握りにもならないほどだが、これを開けば、アスガルドの神々をはじめ、その武器、調度、すべてを容れられるような精巧さを極めたものであった。

　ロキがこの三品を携えてすぐにアスガルドに帰ったところ、神々はみなトールの宮殿に集まって、ロキが誓約を果たすかどうか実際に見ようと待ちかまえているところだった。ロキはトールの機嫌をうかがいながらおそるおそる進んでいくと、女神シーフはなおも両手で頭を隠しつつ夫のわきにすわって泣いていた。

　ロキはにじり寄って、持ってきた金髪を女神の頭の上に置いた。するとすぐにしっかり着いてまるで地肌から生えたようになり、しかも、誰の目にももとの金髪と見分けがつかないほどの出来栄えであった。トールもその償いを受け入れて、わずかに怒りを解いた。

　そこでロキは、さらに他の二品を持ってオージンの会議室に行き、ロキの罪を審判するために集まった神々の前に出て、あの槍と船をオージンとフレー

りて、携へたる金髪を女神の頭上に置くに、忽ち固着して、さながら地《ぢ》より生えたるが如く、且つ誰が目《み》にも元の金髪と判別《わ》け難き程なりしかば、トールも其の償《つぐなひ》を受けて、纔《わづ》かに怒《いかり》を解きぬ。

是に於てロキは、更に他の二品を携へて、オーギンの会議室に到り、ロキの罪を審判《しんぱん》せんがために集まれる諸神の前に出でて、かの槍と船とをオーギンとフレールとに贈りければ、一同は忽ち其の奇抜なる贈物《おくりもの》に心を奪はれ、口々に其の細工の精巧なるを讃《たゝ》へて、遂にロキの罪を問はざりけり。

此の時ブロック(Brock)と呼べる矮人《こびと》ありて、ロキの贈物を嘲《あざけ》り、其の同胞なるシンドリー(Sindri)と共に、精進潔斎《しやうじんけつさい》して、トール神のためにかのミヨルニルの槌を造れり。此の事に関しては、ロキの詐術を証《しよう》すべき尚ほ一条《ひとすぢ》の物語あれど、爰《こゝ》には省《はぶ》きぬ。

ルに贈った。一同はすぐにその奇抜な贈物に心を奪われ、口々にその細工の精巧なことを讃え、結局ロキの罪を問わなかった。

このとき、ブロックという小人がいて、ロキの贈物を馬鹿にしたのだが、彼の同胞のシンドリーといっしょに行いを慎み、心身を清め、トール神のためにあのミョルニルの槌を作ったのだった。このことについてはロキの詐術を証明する一つの物語があるが、ここでは省いた。

一〇　ロキの詐略（下）

平和と歓楽の領土たるアスガルドの神苑に時ならぬ動揺起りぬ。神々は驚き惑《まど》へるが如く神苑の此処《こゝ》彼処《かしこ》に集ひて、互に何事か呫《さゝや》き合へるが中に、詩歌の神ブラーギーは、さながら狂《きやう》せるが如く、神苑の隅より隅を駆け廻りて、何物をか索《もと》め歩きぬ。

こはブラーギーの妻なる女神イヅーナが、其の守護する不老不死の果実《このみ》と共に其の蹤跡《そうせき》を失へるがためなりき。

何人も女神がアスガルドの門を出でし姿を見たるものなかりき。何人も女神の行方を知れるものなかりき。されば諸神が日毎の捜索《さうさく》も、さながら暗中を摸《さぐ》るが如く、何等の手掛りをも得られずして、空《むな》しく不安の日を送りぬ。

アスガルドの神苑にも、憂愁《いうしう》と苦悶《くもん》とは、全く根

一〇　ロキの詐略（下）

平和と歓楽の領土であるアスガルドの神苑に、予想もしない動揺が起こった。神々は驚きうろたえて神苑のあちこちで集まり、互いにどうしたことかとささやき合っていたが、詩歌の神ブラーギーはまるで狂ったように神苑の隅から隅まで駆けまわって、何物をか探し歩いていた。

これはブラーギーの妻イヅーナが、彼女が守護する不老不死の果実といっしょに行方がわからなくなったためであった。

だれも、女神がアスガルドの門を出た姿を見た者はいなかった。だれも、女神の行方を知っている者はいなかった。そんなわけで、神々の毎日の捜索も闇をさぐるようで何の手掛かりも得られず、空しく不安の日を送っていた。

アスガルドの神苑にも、憂愁と苦悶が、まったくなくなるということはなかった。神々は下界の人間

を絶てるにはあらざりき。神々は下界の人間と共に、其の労苦を分ちければ、人間界の不幸と災厄《わざはひ》とは、彼等の平和なる心を乱すこと屢々《しば〳〵》なりき。只アスガルドの住民の特権《とくけん》は、其永久《とこしへ》に老いざることなりき。老と病とは絶えてアスガルドの門に近づけることなかりき。而《しか》して是れ一にかのイヅーナの林檎《りんご》の徳によれり。

女神イヅーナが守護せる神の果実《このみ》といふは、金色の表皮《かは》に鮮かなる紅色《くれなゐ》を点じたる、美しき果実にして、其の外観に於ては普通の林檎と異る所なかりしも、只其の奇特なる点は、之を味《あぢは》へる者に、永久の美と若さとを与ふることなりき。オーヂンは此の果実を入れたる函《はこ》を女神イヅーナに託《たく》して守護せしめければ、イヅーナは深くオーヂンの信任に感激し、常に其の鍵を帯に結び、其の函を身辺に置きて、諸神の求むる毎に、函を開きて、其の一顆《こ》を頒《わか》ちけり。

かくてアスガルドの諸神は、女神イヅーナと其の

とともに労苦を分けあっていたので、人間界の不幸と災いは、彼らの平和な心を乱すこともたびたびであった。

ただアスガルドの住民の特権といえば、永久に老いないことであった。老と病とは、まったくアスガルドの門には近づくことがなかった。そしてこれは、ひとえにあのイヅーナの林檎のおかげであった。

女神イヅーナが守っている神の果実というのは、金色の皮に鮮やかな紅色の点がある美しい果実で、外観はふつうの林檎と違うところはなかった。が、ただ非常に珍しいのは、これを口にした者に永久の美と若さを与えることだった。

オージンはこの果実を入れた箱を女神イヅーナに託して守らせた。イヅーナはオージンの信任に深く感激し、つねに箱の鍵を帯に結び、その箱を身辺に置いて、神々の求めに応じ箱を開いて一個を分け与えた。

こうして、アスガルドの神々は、イヅーナとその林檎がある限り永久に青春の美と力が保たれると思っていた。だが、あのイヅーナが消え失せた日か

林檎《りんご》のあらん限り、永久に其の青春の美と力とを保つべく見えたりしに、かのイヅーナの消え失せし日より、晴れやかなりしオーヂンの眉《まゆ》は、日増に曇を帯び、艶《つや》やかなりしフリガの鬢髪《びんぱつ》にも、霜を置き、フレーヤの花の顔《かんばせ》に、皺《しわ》の見ゆること日に著《いちじる》しくなりぬ。偉大なるトールの鉄腕《てつわん》も、今はミョルニルの槌を揮はんとして、草の如く打震へぬ。ブラーギーの指も最早其の竪琴に触れて美妙なる音楽を奏で出づる力なかりき。今や老衰《らうすゐ》はアスガルドの門に迫りぬ。アスガルドの諸神何れも身に老の来れるを感じ、無常の感に胸を打たれざるはなかけり。

オーヂンは事の容易ならざるを見て、愈々イヅーナの捜索に心を砕き、日毎にかの二羽の鴉《からす》を八方に送りて、女神の消息を探らしむると雖《いへど》も、更に得る所なかしが、一日《あるひ》鴉はオーヂンの耳に囁《さゝや》きて、「ロキを糺《たゞ》せ！」と言ひぬ。オーヂンは之を聞くや、心

ら、オージンの眉は日増しに曇りを帯び、つややかだったフリガの髪の毛も霜が降りたように白くなった。フレーヤの花のように美しい顔にも日毎に皺が目立つようになった。偉大なトールの鉄腕も、今はミョルニルの槌を扱おうとすると、草のように少し震えた。ブラーギーの指も、もはや竪琴に触れて美しく秀れた音楽を奏でる力がなかった。

今や老衰はアスガルドの門に迫っていた。アスガルドの神々はみな老いが来たのを感じ、無常の感に胸を打たれない者はいなかった。

オージンは事が深刻なのを見てますますイヅーナの捜索に心をくだき、毎日あの二羽の鴉を八方に送って女神の消息を探らせたが、新しく得るものはなかった。が、ある日、鴉はオージンの耳に、「ロキを調べてはっきりさせよ！」といった。

オージンはこれを聞くと、心に思い当たることがあるようではたと膝を打って、ひとりうなずきつつロキを呼び、何気なく、

に思ひ当ることのあるが如く、はたと膝を打ちて、ひとり点頭《うなづ》きつ、ロキを召して、何気なく「女神につきて何か知れることなきや」と尋ねたり。ロキは初めは固く包みて何事をも言はざりしが、全智《ぜんち》全能《ぜんのう》なるオーヂンに対しては到底其の明を掩《おほ》ひ難きを知りければ、終《つひ》に悉く其の秘密を告白して、ひとへにオーヂンの慈悲を乞ひぬ。

　ロキの語れる所は下の如くなりき。——

　過る日ロキはオーヂンに従つてヨーツンハイムを微行《びかう》しける折、とある小山の裾《すそ》にて、一羽の大鷲に攫《さら》はれ、遥かに氷山の彼方に運び行かれたり。やがて人なき所に到れば、大鷲は忽ち巨魔の姿を現し、ロキを脅《おびや》かして、女神イヅーナと其の林檎《りんご》とを巨魔の手に渡すべき誓約をなさしめし後、再びオーヂンの側《かたはら》に運び戻しぬ。

　ロキはかの巨魔との誓約の一条を固く心に秘めて、オーヂンと共にアスガルドに帰りけるが、一日《あるひ》女神

「女神について何か知っていることはないか。」
とたずねた。

　ロキは初めはかたく口を閉ざして何もいわなかったが、全智全能のオージンにはとうてい隠し通すことは難しいとわかったので、ついにすべてその秘密を告白し、ひたすらオージンの慈悲を求めた。

　ロキが語ったのは以下のようなことであった。

　先日のこと、ロキがオージンに従ってヨーツンハイムにお忍びで行ったとき、ある小山の裾で一羽の大鷲にさらわれ、はるか氷山のかなたに運ばれてしまった。すぐに人のいない所にいくと、大鷲はたちまち巨魔の姿になった。そしてロキを脅して、女神イヅーナとその林檎を巨魔の手に渡すよう堅く約束させ、ふたたびオージンのそばに運び戻したのだった。

　ロキはあの巨魔との堅い約束のことを心に秘め、オージンといっしょにアスガルドに帰った。そしてある日、ロキは女神イヅーナの宮殿を訪ね、林檎を頼んで一つ味わったあと何気ない風を装って、
「不思議なこともあるものだ。アスガルドの門の外

イヅーナの宮殿を訪《と》ひ、其の林檎を乞うて一顆《こ》を味へる後、何気なき風を装ひつゝ、

「不思議なることもあるものかな！　アスガルドの門外に一本の果樹あり、枝もたわゝに金色《こんじき》の実を結びたるが、其の実は色といひ、香気《かをり》といひ、毫《すこし》も此の林檎に異れる所なし。」

と独語《ひとりごと》の如くに言ひたり。イヅーナは此の物語に心を誘《ひ》かれて、

「其の林檎の樹は此処《こゝ》より余程離れたる所にありや？」

と問ふ。

「否々《いなく》、丁度門を出でたる所なり。」と答へて、ロキは女神の熱心なる面《かほ》を眺めつゝ「美しき日光の下に、其の金色の実が、如何に鮮かに輝けるかよ。されど今日は他に急ぎの用事あれば、悉《くは》しき物語は後日に譲るべし。」とて余韻を残して帰り行きぬ。

ロキの巧みなる物語に、深く好奇心に惹かれたる

に一本の果樹があり、枝もたわわに金色の実を実らせていたが、その実は、色といい香りといい少しも、この林檎と違わない。」

と、ひとりごとのようにいった。イヅーナはこの話に心をひかれ、

「その林檎の木は、ここからとても遠い所にあるの？」

と聞いた。

「いやいや。ちょうど門を出た所だ。」

と答え、ロキは女神の熱心な顔を見つめながら、

「美しい日光のもとで、その金色の実がどんなに鮮やかに輝いていることか。けれども、今日はほかに急ぎの用事があるので、くわしい話は後日にゆずろう。」

と気を引くようにいい、余韻を残して帰っていった。

ロキの巧みな物語に強く好奇心をひかれた女神が、あの果実の箱をかかえたままその宮殿を出たのは、それから数分後のことだった。

ロキは見え隠れしつつ女神の後をつけ、アスガル

女神が、かの果実《このみ》の函を抱へつゝ其の宮殿を出でたるは、それより数分の後なりき。ロキは見え隠れに女神の後をつけつゝアスガルドの門に到りける時、女神は既に門外に出でて、ロキの物語に聞けるかの果樹を尋ねつゝありしが、やがてそれらしきもの、影だになきにいたく失望して、再び引返して門内に入らんとせり。其の刹那《せつな》に女神の頭上より矢の如く落ち来れる一羽の怪鳥《くわいてう》ありて、見る間に女神を引攫《ひつつか》み、雲の如き翼を張りて、天上高く飛去りけり。

ロキは斯く語りて、改めてオーヂンに向ひ、

「イヅーナは恐《おそ》く巨魔チアッシー（Thiassi）の居城《きよじやう》なるトリムハイム（Thrymheim）に運び去られたるものならん。吾れ幸に彼の地の案内を知れば、今より彼の城に到り、誓つて女神を奪ひ返さん。イヅーナと其の林檎《りんご》とを携へざる限りは、再びアスガルドの諸神に見《まみ》えじ。」

と誓ひければ、オーヂンは其の功を以て其の罪を償

ドの門まで来たとき、女神はすでに門の外に出て、ロキの物語で聞いたあの果実の木を探していた。しかし、じきにそれらしいものの影さえないことにたいそう失望して、引き返して門に入ろうとした。まさにそのとき、女神の頭上から矢のように落ちてくる一羽の怪鳥がいた。あっという間《ま》に女神をつかみ、雲のように翼を広げて天上高く飛び去った。

ロキはこのように話して、改めてオージンに向かい、

「イヅーナはおそらく、巨魔チアッシーの居城であるトリムハイムに運び去られたのでしょう。わたしは幸いにもあの土地の様子を知っています。今からあの城に行って必ず女神を奪い返しましょう。イヅーナとその林檎とをともにもどさない限りは、二度とアスガルドの諸神に会いません。」

と誓ったので、オージンはロキがそれを成しとげることで罪を償うことを許した。

そこで、ロキはふたたび女神フレーヤの羽衣を借り、鷹となってトリムハイムの氷城に来ると、イ

ふことを許しけり。

是に於てロキは再び女神フレーヤの羽衣を借り、鷹となりてトリムハイムの氷城に到れば、イヅーナは果して其の一室に幽閉せられ、アスガルドの日光を慕ひて、日夜に号泣しつゝありき。ロキは女神に向つて深く其の罪を謝し、且つ其の救援のために来れる次第を語りて、女神を一箇の胡桃《くるみ》に化し、堅く爪に掴みて潛かに城内より抜け出でたり。

此の時巨魔チアッシーは、偶々《たまく》城外にありけるが、幾《いく》ばくもなく立帰りて、イヅーナの在らざるを発見し、直ちにアスガルドより救援の到れることを察しければ、忽ち大鷲の姿となつて高く中天に翺翔《くわうしやう》し、眼を放つて四方を眺むるに、天涯《てんがい》遥かに黒点の如く雲を縫《ぬ》うて動き行く物の影を認めたり。巨魔は直ちに大鷲の翼を張りて、之を追跡《つゐせき》せしが、近づくに連れて、かの黒点と見えしは一羽の鷹にして、其の爪に一顆《こ》の胡桃を攫《つか》みて、アスガルドを指して急ぎ行

ヅーナはやはり城の一室に閉じこめられ、アスガルドの日光を慕い日夜泣き通していた。ロキは女神に深く自分の罪を謝り、その上で、救援のために来たとそのわけを話した。そして女神を一つの胡桃《くるみ》に変え、しっかり爪でつかんでこっそり城内から抜け出した。

このとき、巨魔チアッシーはたまたま城の外にいたが、まもなく帰ってきてイヅーナがいないことに気づき、すぐにアスガルドから救援が来たことを察した。そこで、あっという間《ま》に大鷲の姿になって高く飛び立ち、目を四方八方に向け、天の涯に黒点のように雲を縫っていく何かの姿を見つけた。

巨魔はすぐに翼を広げてこれを追いかけた。近づくにつれ、あの黒点と見えたのが一羽の鷹で、その爪に一個の胡桃をつかんでアスガルドを指して急いでいく姿がありありと目の奥底に映った。巨魔はいよいよ翼を広げて追跡した。

このときアスガルドでは、神々がみな城壁に登ってはるかにヨーツンハイムのほうを眺めてロキの消息を待っていた。そして、たちまち視界に飛び込ん

く姿の歴々《ありありく》と眼底に映じければ、巨魔は愈々翼を鼓《こ》して追跡せり。

此の時しもアスガルドに於ては、諸神悉く城壁に登りて、遥かにヨーツンハイムの方《かた》を望み、ロキの消息を待ちつ、ありけるが、忽ち眼界《がんかい》に現れし鷹の姿を認めて、一斉《いっせい》に歓喜の声を放ちし間もなく、其の後より一羽の大鷲が矢の如く追跡し来るを認めければ、一同息を呑みて、此の一場の活劇《くわつげき》を観望《くわんばう》せり。鷹は全力を鼓して翔《かけ》りたれど、鷲は雲の如き翼を羽《は》搏《う》ちて、颶風《はやて》の如く追ひ来りぬ。近づくに従ひ、追《つゐ》撃《げき》は愈々急にして、両者の間隔は愈々狭《せば》まり、今にも追附かんばかりに見えければ、神々は俄《には》かに相議《あひはか》りて、城壁の上に無数の薪《たきゞ》を積み、かの鷹が其の上を通過するを合図に、薪に火を点じたり。此の時鷲は既に後より追迫り、将《まさ》に其の獲物を攫《つか》まんとして、鵬翼《ほうよく》を鼓しける時、恰《あた》かも城壁の真上に来りければ、猛火は大鷲の羽風に煽《あふ》られて、愈々高く燃え上り、

できた鷹の姿にいっせいに歓喜の声をあげた。が、まもなくそのうしろから一羽の大鷲が矢のように追いかけてくるのを見つけたので、一同息をのんで、この一場の活劇を見守った。

鷹は全力をふるって飛んでいたが、鷲は雲のような翼をはばたかせて暴風のように追ってきた。近づくにつれ追撃はいよいよさし迫って、両者の間隔はいよいよ狭まり、今にも追いつくように見えた。そこで神々は急いで協議して、城壁の上に無数の薪を積み、あの鷹がその上を通るのを合図として、薪に火をつけた。このとき、鷲はもう後から迫っており、まさにその獲物をつかもうとして翼を奮い立たせようとしたとき、ちょうど城壁の真上に来た。

猛火は大鷲の羽にあおられてますます高く燃え上がり、たちまち翼に燃え移った。さすがの巨魔も身を避けるひまもなく、ひとかたまりの火となって猛火のなかに葬られた。

忽ち其の翼に燃え移りたれば、流石《さすが》の巨魔も身を避くるに暇《いとま》なく一団の火となりて猛火の中に葬《はうむ》られぬ。

斯くて女神イヅーナと其の林檎《りんご》とは、再びアスガルドに返りければ、オーヂンは盛宴《せいえん》を張りてイヅーナの無事を祝し、神々は再び其の手より金色の果実《このみ》を得て永久の美と力とを恢復《くわいふく》し、アスガルドは再び平和と歓楽の領土となりぬ。

このようにして、女神イヅーナとその林檎は、ふたたびアスガルドに戻ってきた。オージンは盛大な宴会を開いた。イヅーナの無事を祝い、神々はまたその手より金色の果実を得て永久の美と力を回復し、アスガルドは以前のように平和と歓楽の領土となった。

一一　フレールの求婚

　豊穣《みのり》の神フレールは、一日《あるひ》アスガルドの神苑を逍遥《せうえう》して、ヴルハラの宮殿を過《よぎ》りし時、偶々《たま〳〵》オーヂンの其の玉座に在らざるを見て、不図《ふと》其の側に歩み寄りぬ。

　今や地上の夏は過ぎて、世界の人間は既に其の収穫《しうくわく》を終りたれば、フレールはひとへに無聊《ぶれう》に苦みて、徒《いたづ》らにアスガルドの巷《ちまた》を逍遥しつゝ、永き日を送りゐたり。此の時まで彼れはオーヂンの神聖なる玉座に対して何等の想像をも抱きしことあらざりき。されど今其の黄金の玉座の前に立てる時、フレールの心はあやしくも動きて、此の玉座の上より全世界を一目に見渡す時の愉快《ゆくわい》なる想像を如何にしても禁ずること能《あた》はざりき。

　フレールは其の冒涜《ばうどく》の罪を恐れて、幾度《いくたび》か躊躇《ちうちよ》せ

一一　フレールの求婚

　豊作の神フレールは、ある日アスガルドの神苑を散歩した。ヴァルハラの宮殿を通ったとき、たまたまオージンが玉座にいないのを見て、ふとそのそばに歩いていった。

　今はもう地上の夏は過ぎ、世界の人間は収穫を終えていた。フレールはただただ退屈に苦しんでいて、ひまつぶしにアスガルドのなかを散歩しながら永い日を送っていたのである。

　このときまで、彼はオージンの神聖な玉座に対して何の想像もしたことがなかった。しかし今、その黄金の玉座を前にして立ったとき自分でも信じられないくらい心が動き、この玉座の上から全世界を一目で見渡すときの愉快な想像をどうしても止められなかった。

　フレールはその冒涜《ぼうとく》の罪を恐れて何度もためらった後、ついにひきつけられたように玉座の上にのぼった。

る後、終《つひ》に魅《ひ》かるゝが如くに玉座の上に登りたり。

彼れは先づ其の眼前《がんぜん》に展開せる光景に心を躍らしぬ。日頃見なれたる人間界も、さながら別個《べつこ》の世界の如く、活々《いき〳〵》と其の眼底《がんてい》に映《えい》じ来りぬ。次第に眼を転ずれば、ヨーツンハイムの氷原《ひようげん》は、渺茫《べうばう》として遥かに北方に拡がり、雪を冠《かぶ》れる山々の頂《いたゞき》は、高く雲に入りて聳《そび》えたり。されど氷雪の底に眠れる巨魔国の光景は、美を慕《した》うてやまざるフレールの心を引かんには、余りに荒涼《くわうりやう》たるものなりき。彼れは目を転ぜんとして、不図《ふと》一小丘《せうきう》の上に立てる古城のあたりを眺めし時、入口の扉《ドア》忽《たちま》ち開きて、嬋娟《せんけん》たる少女《をとめ》の姿彼れが目前《めのまへ》に現れ来りぬ。少女はやゝ暫《しば》し、扉口《とぐち》に立ちて、城外を眺めたる後、再び城内に歩を返しぬ。かくて入口の扉が再び少女の姿を城内に鎖《とざ》せし時、フレールはさながら光の消えたるが如き思ひをなし、オーヂンの玉座を降《くだ》りて、其の宮殿に帰り行きぬ。

彼はまず、目の前にひらける光景に心を躍らせた。日頃見なれた人間界もまるで別世界のようにいきいきと目に映った。次第にあちこちに目を移すと、ヨーツンハイムの氷原はひろびろと果てしなく北方に広がっていた。そして雪をかぶった山々の頂は、高く、雲に隠れていた。

しかし、氷雪の底に映る巨魔国の光景は、美を強く慕うフレールの心をひくには、あまりにも荒涼としたものだった。

彼がほかに目を移そうとして、ふと一つの小さな丘の上に立っている古城のあたりを眺めたときである。急に入口の扉が開き、あでやかで美しい少女の姿が彼の目の前に現れたのだった。

少女は少しの間、扉の所に立って城外を眺めたあと、ふたたび城のなかに入っていった。こうして入口の扉がふたたび少女の姿を隠したとき、フレールはまるで光が消えたように感じ、オージンの玉座を降りて宮殿に帰っていった。

此の日より後、フレールはひとり宮殿の中に籠《こも》りて、思ひに沈む身となりぬ。フレールの忠僕《ちうぼく》スキルニール（Skirner）は、其の主の鬱々《うつ〳〵》として、夜も寝らず、ひとり思ひに沈むを見て、其の深き故《ゆゑ》あるを察し、一日《あるひ》フレールに向つて、其の理由を明さんことを請《こ》ひければ、フレールも遂に其の意中《いちう》を語りけり。

是に於てスキルニールは、自らヨーツンハイムに赴《おもむ》きて、彼の巨魔の女《むすめ》を携《たづさ》へ帰らんことを請ひ、一頭の駿馬《しゆんめ》と数多《あまた》の珍宝《ちんぱう》を得て、アスガルドを出で立ちけり。出立に先《さきだ》ちフレールは一口《ひとふり》の宝剣を、手づからスキルニールの腰に結びて、

「汝若《なんぢも》し此の使命を果《はた》さば、此の宝剣を汝に与へん。」

と言ひければ、スキルニールは必ず使命を全《まつた》うして帰らんと誓ひつゝ、ヨーツンハイムに赴きけり。此のフレールの宝剣といふは、亦《ま》たアスガルドの宝物

この日から、フレールはひとり宮殿に籠ってもの思いに沈むようになった。フレールの忠義な下男スキルニールは、主人がうつうつとして夜も寝られず、ひとり、もの思いに沈んでいるのを見て、深いわけがあるのだろうと察した。ある日、フレールに向かってわけを明かしてほしいと頼むと、フレールもついに心のうちを明かした。

そこで、スキルニールは自分がヨーツンハイムに出向き、あの巨魔の娘を連れ帰りたいと願い出た。一頭の足の速い馬とたくさんの珍しい宝を持って、アスガルドを出発するスキルニールに、フレールは一本の宝剣を与えた。みずからスキルニールの腰に宝剣を結び、

「おまえがもしこの使命を果たしたら、この宝剣をおまえに与えよう。」

といった。

スキルニールは必ず使命を全うして帰ろうと心に誓い、ヨーツンハイムに向かった。このフレールの宝剣というのは、やはりアスガルドの宝物の一つで、これを身につけて敵に向かえば、剣は自分から飛ん

の一にして、之を佩《お》びて敵に向へば、剣は自《みづ》から飛んで其の敵を斬り払ふ威力を具へたるものなりき。

かくてスキルニールは、馬を駆りてヨーツンハイムに入り、かの少女《をとめ》の父なる巨魔ギーミル(Gymer)の城に到れば、二頭の猛犬城門を守りて、何人をも近づけざりしが、スキルニールは牧羊者《ひつじかひ》の教に従つて、城外より彼の少女の名を呼びければ、ギーミルの女《ぢよ》なるゲルド(Gerd)は異《あや》しみて城外に出で、かの猛犬を制して客人《まろうど》を城中に導きけり。

是に於てスキルニールは、或《あるひ》はフレールの熱情を述べ、或はかの珍宝を示し、或は剣を抜きて脅《おびや》かしたれど、ゲルドは如何にしても、フレールの求婚に応ぜざりしが、最後に種々の呪咀《のろひ》を以て迫るに及び、ゲルドも終《つひ》に心折れて、其の意に従ひ、

「今より九日の後バール・イスル(Bär-isle)の並樹に到りて彼れに会はん。」

と約しけり。

で敵を斬り払うという威力をそなえたものであった。

こうしてスキルニールは馬を走らせてヨーツンハイムに入り、あの少女の父である巨魔ギーミルの城に着いた。二頭の猛犬が城門を守っていてだれも近づけなかった。が、羊飼いの教えに従って、城外からスキルニールが少女の名を呼ぶと、ギーミルの娘ゲルドは不思議に思い、城外に出て猛犬をおさえて客人を城のなかに入れた。

そこで、スキルニールはまずフレールの熱情を述べ、また、あの珍しい宝物を見せたり、あるいは剣を抜いて迫ったが、ゲルドはどうしてもフレールの求婚に応じなかった。最後に、さまざまな呪いによって迫ると、ゲルドもついに折れてその気持ちを受け入れ、

「今より九日の後、バール・イスルの並木に行って彼に会いましょう。」

と約束した。

スキルニールはすぐにアスガルドに帰り、この旨をフレールに伝えると、フレールは初めてほっと安

スキルニールは直ちにアスガルドに帰りて、此の趣を伝へければ、フレールは始めて愁眉《しうび》を開きぬ。是れよりフレールは一日千秋の思ひをなして、約束の日の来るを待ちけるが、遂に約束の日は来りぬ。フレールはスキルニールを伴うてバール・イスルの並樹に到れば、まだ冬ながら、路《みち》の左右には木々の花開きて、フレールが結婚の日を祝しぬ。

かくてフレールは美《うる》はしきゲルドを得て妻としたれど、其の宝剣は永くスキルニールの手に残りぬ。

心した顔になった。

このときからフレールは一日千秋の思いで約束の日を待っていたが、ついにその約束の日が来た。フレールがスキルニールをつれてバール・イスルの並木に着くと、まだ冬だというのに路の左右の木々の花が開いて、フレールの結婚の日を祝った。

こうしてフレールは美しいゲルドを得て妻としたが、その宝剣は永くスキルニールの手許に残ったのだった。

一二　バルダアの死

アスガルドの諸神中にても、バルダアの如く麗《うる》はしく、バルダアの如く仁慈《じんじ》なるはなかりき。バルダアの身にはさながら日光の如き光ありて、遍《あまね》く八紘《はつくわう》を光被《くわうひ》せしかば、此の神の前には如何なる影も、忽ち其の姿を隠したりき。一切の不幸と悲哀《かなしみ》とは、其の光の中に消え、彼れの在る所には、只永久《とこしへ》の平和と歓喜との漲《みなぎ》るのみなりき。されば諸神の愛敬《あいけい》は悉くバルダアの一身に集まり、彼れが幸福の日の永久ならんことを祈らざるはなかりけり。誠にバルダアが幸福なる生涯《しやうがい》に、哀傷《あいしやう》の日の来らんことは、何人も曽《かつ》て想像せざる所なりき。

然るに一夜《あるよ》夢に、バルダアは、恐ろしき凶事《まがごと》の其の身に振掛かると見て、驚き覚めて、之を諸神に議《はか》りしかば、アスガルドの諸神何れも心を痛めざるは

一二　バルダアの死

アスガルドの神々のなかでも、バルダアのように端麗で、バルダアのように慈悲深い神はいなかった。バルダアはまるで日光のように輝き、広く四方八方を照らしたので、この神の前ではどんな影もたちまち姿を隠したのだった。一切の不幸と悲しみはその光のなかに消え、彼のいる所にはただ永久の平和と歓喜だけがみなぎっていた。

そんなわけで神々の敬愛もすべてバルダアに集まり、彼の幸福が永久であることを祈らない者はいなかった。まことにバルダアの幸福な生涯に哀しみの日が来るなどということは、だれひとり想像しないことだった。

しかしある夜、バルダアは恐ろしい凶事が自分の身に振りかかる夢を見て驚いた。目覚めてからこれを神々に聞いてみると、アスガルドの神々はみな心を痛め、まるで自分の身に災いが起こったように思うのであった。目に見えない不吉な影は、今やアス

なく、さながら己《おの》が身上《みのうへ》に災禍《わざはひ》の起れるが如く、目に見えぬ黒影《こくえい》は、今やアスガルドの全都を包みぬ。

オーギンは、其の愛子《あいし》の運命にいたく心を悩ましければ、自ら其の真相を確めんと心を決し、一日《あるひ》八足の駿馬スレイプニールを駆りて、幽冥界に下り、女神ヘラの宮殿に到れば、其の広間の中には、盛《さかん》なる食卓の設備《まうけ》ありて、金銀の皿を並べたるが、其の主賓《しゆひん》の席のみは空虚のまゝに残されたり。

オーギンは此の光景に思はず胸を打れたれども、黙然《もくねん》として幽冥界を出で、ミッドガルドに来るや、とある森蔭の墳墓《ふんぼ》に久して眠れる一人の巫女《みこ》を呼出して、

「ヘラの館に設けられし食卓は何のためぞ？　其の空虚なる椅子《いす》は何人を待ちつゝあるや？」

と問ふ。待つこと少時《しばらく》にして、虫の鳴くが如き声幽《かす》かに地底より起りぬ。

「ヘラの食卓に設けられし空席は、輝けるバルダアガルドの全都を包んだ。

オージンは愛する息子の運命に深く心を悩ませ、みずからその真相を確かめようと決心した。ある日、八本足の駿馬スレープニールを走らせて、幽冥界《ゆうめいかい》に下った。女神ヘラの宮殿に来ると、広間では盛大な食卓の準備がしてあった。金銀の皿が並べられていたが、主賓の席だけは誰もすわっておらず空虚に残されていた。

オージンはこの光景にはっと胸をつかれたけれども、黙って幽冥界を出た。ミッドガルドに来ると、ある森蔭の墳墓に永く眠っているひとりの巫女《みこ》を呼び出して、

「ヘラの館に設けられた食卓は何のためか。誰もすわっていない椅子は誰を待っているのか。」

とたずねた。

待っていると、しばらくして虫の鳴くような声がかすかに地底より聞こえた。

「ヘラの食卓に設けられた空席は輝くバルダアのためである。」

「それなら神々の愛する者をヘラの領地に送る者は

のためなり。」

「然らば神々の寵人《ちようじん》をヘラの領に送る者は誰《た》ぞ？」

「盲目《まうもく》のヘーダア彼れを殺さん――其の如く誌《しる》されたり。亦疑ふこと勿《なか》れ。」

地底の声は斯く呟《さゝや》きて、再び永久《とこしへ》の沈黙《ちんもく》に入りぬ。

オーヂンは之を聞きて、徐ろに森を出で、無限の悲哀《かなしみ》を胸の底に包みつゝ、スレイプニールの歩みも重く、再びアスガルドに帰り来りぬ。されど其の幽界の訪問に就《つ》いては、絶えて何人にも語らざりき。

此の間、女神フリガは、其の愛子《あいし》の危難《きなん》を未前《みぜん》に防ぐ術《すべ》もやと只管《ひたすら》に心を砕《くだ》きしが、一日《あるひ》飄然《へうぜん》として其の宮殿を出で、地に降《くだ》りて、其の目に触れたる一切の物をしてバルダアの身に害を加へざることを誓はしめき。金、石、水、火を始めとし、禽《きん》、獣《じう》、虫《ちう》、魚《ぎよ》より一切の草木、一切の薬物及び疾病《しつぺい》に至るまで、平生《へいぜい》バルダアの徳を慕へるがために、進んで其の誓約をなしぬ。


誰だ？」

「盲目のヘーダア彼を殺さん――そのように記されている。かさねて疑ってはならぬ。」

地底の声はこうささやき、ふたたび永久の沈黙に入った。

オージンはこれを聞きゆっくり森を出て、限りない悲しみを胸に秘めつつ、スレープニールの足どりも重くふたたびアスガルドに帰ってきた。しかし、あの幽界への訪問についてはまったく誰にも語らなかった。

この間、女神フリガは、愛する子の危難を未然に防ぐ術はないかとただひたすら心を砕いていた。が、ある日、ふらりと宮殿を出て地に降り、目に触れるすべてのものに、バルダアの身に危害を加えないことを誓わせた。金、石、水、火をはじめとし、鳥、獣、虫、魚から一切の薬、及び病気に至るまで、平生バルダアの徳を慕っているので、みな進んでその誓約をした。

フリガはこれらすべてのものの誓約に、ほっと安フリガは是等一切諸物の誓約に安堵《あんど》の思《おもひ》をなしてアスガルドに帰りけるが、神苑の門を入らんとせる時、門外にてミッスルトー（Mistletoe）と呼べる寄生樹《やどりぎ》を認めたれど、其の形の如何にも矮小《わいせう》にして、何の害をもなすまじきを見て、只之のみにはこの誓をなさしめざりき。

フリガはやがてオーヂンの前に出でて、其の旅行の次第を語り、又諸神にも此の由を告げて一同の心を安んぜしめき。

オーヂンの醒《さ》めたる眼《まなこ》の底には、かの避け難き宿命の意《こゝろ》は、既に火の如く瞭《あきら》かにして、到底其の動かすべからざることを知りければ、女神フリガの報告も、其の曇《くも》れる眉を開くには足らざりき。されど他の諸神は、母神《ぼしん》フリガの物語に、始めて其の心を安んじ、悉く其の愁眉を開きければ、一時アスガルドの神苑を包みたる不安の影も、忽ち朝霧《あさぎり》の如く薄れ

堵してアスガルドに帰ってきた。神苑の門を入ろうとしたとき、門の外にミッスルトーという寄生樹《やどりぎ》を見つけた。が、その形がいかにも小さかったので何の害も加えないだろうと考え、ただこれだけには誓いをさせなかった。

フリガはすぐにオージンの前に行き、旅の様子を話し、また、神々にもことの次第を告げて一同を安心させた。

オージンの醒めた目には、あの避けがたい宿命の意味はすでに火を見るより明らかだった。否定できない現実の事と知っていたので、女神フリガの報告も安心できるものではなかった。他の神々は母神フリガの話に初めて安心し、みな明るい顔になった。一時アスガルドの神苑を包んでいた不安の影も、朝霧のように晴れていった。

神々はまず、世界の万物が母神フリガにしたという誓約の実証を見ようと、一同広庭に集まった。バルダアを的《まと》として、ある者は槍を投げ、石を飛ばし、ある者は剣や矛でいどみ、ある者は水や火で攻め、

行きぬ。神々は先づ世界の万物《ばんぶつ》が母神フリガに致せりといふかの誓約の実証《じつしよう》を見んとて、一同広庭に集り、バルダアを的《まと》となして、或は槍《やり》を投じ、石を飛ばし、或は剣戟《けんげき》を以てし、或は水火を以てし、其他有らゆる武器を以て試みたれど、如何なる物も、バルダアの身体を傷《きずつ》くること能《あた》はざりき。此の有様を目撃せる諸神は、初めは只其の不思議に驚くのみなりしが、次第に興を催して、幾度となく此の試験を繰返し繰返す程に、後には殆んど日課の如くなりて、神々の新なる競技の一ともなりぬ。

　ロキは予《かね》てよりバルダアが諸神の愛敬の中心となれるに慊《あきた》らず、機《をり》もあらば害を加へんものと絶えず心を配りけるが、今此の有様を見て、愈々《いよ〱》嫉妬《しつと》の念に堪へず、心に一策を案じ、態《わざ》と姿を変じて女神フリガの許《もと》を訪れ、詳《つぶ》さに曩日《さきのひ》の旅行の物語を聞きぬ。此の間にロキは、かのアスガルドの門外なるミッスルトーのみが、ひとり此の誓約に加はらざりし次第

その他あらゆる武器で試したが、どんな物でもバルダアのからだを傷つけることはできなかった。

　この有様を見た神々は、初めはただその不思議に驚くだけだった。が、次第に興味を抱き、何度となくこの試みをくり返すうちにほとんど日課のようになって、神々の新しい競技の一つともなった。

　ロキは、かねてからバルダアが神々の敬愛の中心になっているのを心よく思わず、折があったら危害を加えたいと絶えず心を配っていたのだが、現在のこの様子を見てますます嫉妬の気持ちをおさえられなくなっていた。そこでひそかに策をめぐらし、わざと姿を変えて女神フリガのもとを訪ね、こまかく先日の旅の話を聞いた。探りを入れるようにして聞きながらロキは、あのアスガルドの門の外にある寄生樹《やどりぎ》ミッスルトーだけが、ひとり誓約に加わらなかった次第を知ったのだった。彼は女神の宮殿を出ると飛ぶようにアスガルドの門の外に行き、あの寄生樹の一枝を切って神々の集まっている広い庭に帰ってきた。

を探知せしかば、彼は女神の宮殿を出づるや、飛ぶが如くにアスガルドの門外に到り、かの寄生樹《やどりぎ》の一枝を切りて、急ぎ諸神の集まれる広庭に立帰りぬ。

此の時、神々はバルダアを取囲みて、例の競技に笑ひ興《きよう》じつゝありけるが、たゞバルダアの末弟《まつてい》なるかの盲者ヘーダアのみは、ひとり群を離れて、淋しげに立ちたりき。ロキは馴々《なれなれ》しくヘーダアの側《かたはら》に進み、声を和らげて其の競技に加はらざる所以《ゆゑん》を尋ねたり。ヘーダアは之を聞きて、

「吾れは彼れの立てる所をも知らず、また彼れに投ずべき武器をも有せず。」

と答へたり。

「さらば吾れと共に来りて競技の群《むれ》に加はらずや。」

とロキは言葉巧みに誘《いざな》ひつゝ、

「只此の矢を投げて、衆《しう》と共に彼れに敬意を表《へう》したまへ。吾れ手を取つて彼れの立てる所を示すべし。」

とて矢の形に造れるミッスルトーの小枝を盲神の手

このとき、神々はバルダアを取り囲み、例の競技に笑い興じていた。が、ただバルダアの末弟のあの盲者ヘーダアだけは、ひとり群れを離れてさびしそうに立っていた。ロキはなれなれしくヘーダアのそばに進んでいき、声をやわらげてその競技に加わらないわけをたずねた。

それを聞いてヘーダアは、

「わたしは彼が立っている場所を知らない。また、彼に投げる武器も持っていない。」

と答えた。ロキは、

「では、われとともに競技の群れに加わらないか。」

とことば巧みに誘い、

「ただこの矢を投げて、みなとともに彼に敬意を表わしたまえ。われが手を取って彼の立っている所を教えよう。」

といって、矢の形に作ったミッスルトーの小枝を盲神ヘーダアに手渡した。ロキに導かれてヘーダアの投げた矢は、たちまちバルダアの心臓を貫き、その場にバルダアを倒した。

に渡し、進み出でて投げしめけるに、矢は忽ちバルダアの心を貫《つらぬ》きて、其の場に斃《たふ》しぬ。

　バルダアの死して地に倒れし時、諸神は余りの驚愕《きやうがく》に言ふべき言葉を知らざりき、少時《しばらく》は互に顔を見合せつゝ、啞《おし》の如く立ちけるが、復讐《ふくしう》の念《おもひ》は一つの焰《ほのほ》となつて神々の心に漲《みなぎ》りぬ。只此の聖地を冒瀆《ばうどく》せんことを憚《はゞか》るが故にのみ、敢《あへ》てロキに手を下す者あらざりき。神々はやがて声を放ちて慟哭《どうこく》せり。慟哭の声は忽ち天地を震ひて、地上の万物に其の歎《なげ》きを分ちぬ。此の時、日は其の光を失ひ、鳥は其の歌を蔵《をさ》め、花は其の頭《かしら》を垂れ、猛獣も其の穴に籠《こも》りて、天地の悲みを分《わか》てり。アスガルドの住民はバルダアの屍《かばね》を囲みて、歎き悲み、天地間に有りと有る物を集めて、之を復活《いか》さんと試みたれど、終《つひ》に効《かひ》なかりき。

　是に於てオーヂンは諸神に諭《さと》して、宿命の避くべからざる所以《ゆゑん》を語り、徒《いたづ》らに帰らぬ者を歎かんより

　バルダアが死んで地に倒れたとき、神々はあまりの驚くべき出来事にいうべき言葉もなかった。しばらく互いに顔を見合わせて黙りこくって立っていたが、復讐の思いは一つの焰になって神々の心にみなぎった。

　ただ、この聖地を冒瀆することが憚られて、あえてロキに手を下す者はいなかった。やがて、神々は声を放って慟哭した。慟哭の声はたちまち天地をふるわせ、地上の万物にその歎きを分け与えた。

　このとき、日はその光を失い、鳥はその歌をやめ、花はその頭を垂れ、猛獣もその穴に籠り、天地の悲しみを分けあった。アスガルドの住民はバルダアの屍《かばね》を囲んで、歎き悲しみ、天地のありとあらゆる物を集めて彼を復活させようと試みたが、その甲斐もなく、ついに彼が生きかえることはなかった。

　そこでオージンは神々に告げて、宿命が避けられないわけを語り、むなしく帰らぬ者を歎くより早く火葬の場を作ってその屍を葬るのがよいといった。神々はオージンの思いを受け入れ、なお、犯人のロキの処分については、一切をオージンの決断にまか

は、速《すみや》かに火葬堆《くわさうたい》を造りて、其の屍を葬《はうむ》るに如《し》かずと言ひければ、諸神はオーヂンの意を諒《りやう》とし、尚又下手人《げしゆにん》たるロキの処分に就きては、一切をオーヂンの裁断《さいだん》に一任することとなして、直ちに火葬堆の準備に取掛りぬ。

やがて葬送《さうそう》の準備も整ひければ、諸神はバルダアの屍体《したい》を黄金の屍衣《しい》に包み、之を運びて海辺に到るに、世界第一の巨船と呼ばれたるバルダアの船フリンガム（Hringham）の甲板《かんぱん》には、火葬堆の設け既に成りて、粛然《しゆくぜん》として岸に横たはりぬ。諸神はバルダアの屍体を船上に運び、之を火葬堆の上に置き、金銀宝石を以て之を飾り、又彼れが生前に愛翫《あいぐわん》せし数多《あまた》の武器を其の周囲に列《つら》ねたり。此の時女神ナンナは側《かたはら》に立ちて此の光景を眺めつゝありけるが、諸神が将《まさ》に火葬堆に火を移さんとするを見るや、傷心の余り俄《には》かに胸破れて死しければ、諸神相議《あひはか》りて、之を夫神の側に並べて、共に火葬に附することとな

せることとして、すぐに火葬堆の準備に取りかかった。

やがて葬送の準備も整ったので、神々はバルダアの屍体を黄金の屍衣《しい》に包み、これを海辺に運んできた。世界一の巨船といわれるバルダアの船フリンガムの甲板には火葬堆の設備がすでにできていて、おごそかに静まりかえって岸に横づけされていた。神々はバルダアのなきがらを船上に運んで火葬堆の上に置き、金銀宝石で飾った。また、彼が生前大事にしていた多くの武器をまわりに並べた。

女神ナンナはかたわらに立ってこの光景を眺めていたが、神々がまさに火葬堆に火を移そうとするのを見ると、傷心のあまり急に胸がはりさけて死んでしまったのだった。神々は相談して、女神を夫神のかたわらに並べていっしょに火葬することになった。

このとき、オージンは女神フリガといっしょに、あの二羽の鴉と侍女ヴァルキールを従えて来た。フレールは野猪《やちよ》グリンブルスチーに曳かせた車を走ら

りぬ。

此の時オーヂンは女神フリガと共に、かの二羽の鴉《からす》と侍女ヴルキールとを従へて来り、フレールは野猪《ちよ》グリンブルスチー（Gullinbursti）に曳《ひ》かせたる車を駆り、女神フレーヤはかの猫の車を駆り、又ハイムダールはグールトップ（Gulltopp）と呼べる駿馬に鞭《むちう》つて来り、其他の諸神もヴルハラ宮中の勇士らも悉く葬儀の場に列《つらな》り、数多《あまた》の巨魔も、噂《うはさ》を聞きて、遥々《はるぐ》ヨーツンハイムより来り会《あは》しぬ。

遂に神々は死者の眠りの安からんことを祈りつゝ、茨《いばら》の小枝を取りて、火葬堆に火を移せし時、オーヂンは身を屈《かゞ》めて、其の愛子《あいし》の耳に何事をか呫《さゝや》きぬ。

船は徐《おもむ》ろに岸を離れて、海上に泛《うか》び出でぬ。甲板の火は海風に煽《あふ》られて、高く〳〵燃え上りぬ。限りなき痛恨の波は、見送る神々の胸に迫りぬ。此の時天地は濃き灰色の蔭に包まれて、寂《せき》として声なきが中に、只岸打つ波の鞺鞳《だうたふ》と響き渡るのみなりき。

せ、フレーヤはあの猫の車を走らせ、また、ハイムダールはグールトップという駿馬に鞭打って、それぞれやって来た。その他の神々もヴァルハラ宮中の勇士たちもみな葬儀の場につらなった。多くの巨魔も噂を聞いて、はるばるヨーツンハイムよりやって来て参列した。

ついに神々は、死者の眠りが安らかなことを祈りながら、茨の小枝を手にして火葬堆に火を移した。そのときオージンは身をかがめて、愛する子の耳に何ごとかささやいた。

船はゆっくり岸を離れ、海の上に出た。甲板の火は海風にあおられて、高く高く燃えあがった。限りない痛恨の波は、見送る神々の胸に迫った。このとき、天地は濃い灰色におおわれて、寂《せき》として声の絶えたなか、ただ岸を打つ波が鐘の音のように、どどう、どどうと響き渡るだけであった。

バルダアの船は、西へ、西へと進みて、遂に天と地と別る、あたりに達せる時、甲板の焔《ほのほ》は忽ち一団の火柱となつて、眼も眩《まばゆ》き金色の光を放ちけるが、此の時船の駛《はし》ることさながら矢を射るが如く、見る間に視線の彼方に没《ぼつ》し去りぬ。

バルダアの船は西へ西へと進み、ついに天と地の別れるあたりに達した。そのとき、甲板の炎はたちまち一つの大きな火柱となって、まばゆい金色の光を放った。このとき、船はまるで矢を射るように走り、見る間に視線のかなたに消えていった。

一三　使神ヘルモッド、バルダアを追うて幽界に降る

　バルダアの死せし時、かの盲神ヘーダアは、其の身の心なく投げたる矢が、図らずも最愛なる兄の命を断てるを知りて、深く其の身の不覚を悲み、直ちに母神フリガの宮殿に到り、自ら幽界に降《くだ》りて、兄の命に代らんことを乞ひぬ。母神は懇《ねんごろ》にヘーダアを慰め、ヘラの領土の遠くして、其路の険《けは》しきことを語り聞かせ、健脚《けんきやく》の使神ヘルモッド（Hermod）に命じて、直ちにバルダアの跡を追はしめたり。

　使神ヘルモッドは、特にオーヂンが秘蔵の駿馬スレイプニールを許されて、アスガルドの門を出で、暗澹《あんたん》たる深谷《しんこく》を踏み、八重襷《やへだすき》の如き迷路を辿ること九日九夜にして、辛《やうや》くギヨール（Giöll）河に架《わた》せる黄金の橋に達しけり。此橋を守れるは、モドグード（Modgud）と呼べる処女《をとめ》なりしが、ヘルモッドを

一三　使神ヘルモッド、バルダアを追って幽界に降る

　バルダアが死んだとき、盲神ヘーダアは自分が深い考えなしに投げた矢が心ならずも最愛の兄の命を断ったのを知って、自分の無自覚を深く悲しんだ。すぐにヘーダアは母神フリガの宮殿に行き、自分が幽界に降りて兄の命に代わりたいと切に願った。母神は心をこめてヘーダアを慰め、ヘラの領土が遠く、そこへの路が険しいことを話して聞かせた。そして、すぐに健脚の使神ヘルモッドに命じてバルダアの跡を追わせた。

　使神ヘルモッドは、とくにオージンが非常に大切にしている駿馬スレープニールに乗ることを許された。アスガルドの門を出て、どんよりと暗く深い谷に入り、八重襷《やえだすき》のような迷路をたどること九日九夜で、ようやくギヨール河にかかった黄金の橋に着いた。

　この橋を守っているのはモドグードという乙女だったが、ヘルモッドを止めて幽界に来たわけをた

停めて、其の幽界に来れる所以《ゆゑん》を問ひければ、使神はバルダアを索《もと》めんが為に来れることを語りて、バルダアの消息を尋ぬるに、モドグードは答へて、

「実《げ》にバルダアは此処を過《よぎ》りて、既に「死の王国」に入れり。」

と言ふ。是に於てヘルモッドは、馬を急がせて、程なく幽界の門に達しけるに、門扉《もんぴ》堅く鎖《とざ》して、何人をも入れざりければ、一旦馬を下《くだ》りて、其の腹帯を締め直し、再び跨《また》がりつゝ、一鞭《むち》当てゝ、難なく其の門を跳び越えたり。かくてヘルモッドはヘラの宮殿に達しけるに、其の広間に設けられし食卓の上席にバルダアの姿を認めければ、ヘルモッドは其の使命の空《むな》しからざりしを喜び、直ちにヘラに向つて、バルダアを放ち還さんことを請ひ、

「バルダアを失ひし日よりアスガルドはさながら空洞《うつろ》の如くになれり。神も人も挙《こぞ》つて彼れの為に哭《こく》せり。生ある者にしてバルダアの為に泣かざるもの

ずねた。使神はバルダアを探すために来たことを話してバルダアの消息をたずねると、モドグードは答えて、

「実のところバルダアはここを通りすぎて、もう、「死の王国」に入った。」

という。

　そこでヘルモッドは馬を急がせ、ほどなく幽界の門に着いた。しかし門扉はかたく閉ざされて誰も入れないので、いったん馬を降りる。馬の腹帯を締め直してふたたび跨《また》がり、一鞭当ててたやすくその門を跳び越えた。

　こうして、ヘルモッドはヘラの宮殿に着き、その広場に設けられた食卓の上席にバルダアの姿を認めた。ヘルモッドは自分の使命が無駄ではなかったのを喜び、ヘラに向かってバルダアを自由にして還すよう切に願った。

「バルダアを失った日から、アスガルドはまるで空洞のようになってしまいました。神も人もみな、そろって彼のために泣きました。命あるものでバルダアのために泣かないものはいません。」

なし。」

と言へば、ヘラは之を聞きて徐《おもむ》ろに答へて、

「果してバルダアのために泣かざるもののなきか？

若《も》し汝の言ふが如く、凡《すべ》ての生ある者をしてバルダアのために哭《こく》せしめば、彼れを冥府《めいふ》より放ち還さん。


というと、これを聞いたヘラはゆっくりと答えて、

「ほんとうにバルダアのために泣かないものはいないのか。もし、おまえのいうように、すべての生きとし生けるものをバルダアのために泣かせるのなら、彼を冥府より出そう。だが、もしひとりでも泣かな

ヘルモッド幽神ヘラを訪う
（ドルマン画）

されど若《も》し一人たりとも乾ける目を持てる者あらば、バルダアは永《とこし》へに此の土に留まらざるべからず。」

と言ひぬ。

　使神ヘルモッドは、再びアスガルドに急ぎ還りて、幽界の女神ヘラの答をオーヂンに伝へけるに、オーヂンは直ちに使を諸方に送りて、地上一切の物をしてバルダアのために哭《こく》せしめき。是に於て人類を始めとして一切の生ある者は、悉く声を放ちて、バルダアのために泣き、金、石、土塊に至るまで涙を流して悲みたれど、只ヤーンギード（Jarnvid）の森蔭なる洞窟《どうくつ》の中に、トーク（Thok）と呼べる一個《ひとり》の女魔ありて、一滴の涙さへも流さゞりき。諸神は之を見て、

「哭《な》けよ！　バルダアをして再び此の地に還らしめんがために。一切の物は彼れのために涙を流せり。汝も亦た彼れのために泣け！」

と言ひたれど、かの女魔はたゞ冷やかに笑ひたるの

いものがいるなら、バルダアは永久に、この地にとどまらねばならぬ。」

といった。

　使神ヘルモッドは、ふたたびアスガルドに急いで帰り、幽界のヘラの答えをオージンに伝えた。オージンはすぐに使いをあちこちに送り、地上の一切のものをバルダアのために泣くようにさせた。そこで、人類を初め一切の生きとし生けるものは、みなことごとく声をあげてバルダアのために泣いた。金、石、土塊に至るまで涙を流して悲しんだが、ただ、ヤーンヴィードの森蔭にある洞窟のなかのトークというひとりの女魔は、一滴の涙さえこぼさなかった。

　神々はこれを見て、

「泣けよ！　バルダアをふたたびこの地に還らせるために。すべてのものは彼のために涙を流した。おまえもまた彼のために泣け！」

といったが、その女魔は冷ややかに笑うだけで、

「いいや、トークには泣くべき涙なんてないのだ。すべてのものにバルダアの死を泣かせよ。しかし、トークは乾いた目で、バルダアの火葬を見送らねば

みにて、

「否、トークには泣くべき涙なし。一切の物をしてバルダアの死を哭《こく》せしめよ。されど彼女は乾ける目を以てバルダアの火葬を見送るべし。ヘラをして其の獲物を有《たも》たしめよ！」

と答へ、嘲《あざけ》るが如き笑声《せうせい》を残して、洞窟の奥に姿を隠しぬ。

バルダアは之によつて遂に冥府の門を出づることを能はざりき。此の女魔こそは正《まさ》しくかの禍神《まがつみのかみ》ロキの化身に外ならざりけり。


ならない。ヘラにそのえものを所有させておくんだね！」

と答え、嘲けるような笑声を残して洞窟の奥に姿を消した。

バルダアはこれによって、ついに冥府の門を出ることはできなかった。この女魔こそ、まさしく不吉な神ロキの化身に外ならなかったのだ。

一四　禍神ロキの繫縛《けいばく》

バルダアの死後、アスガルドの諸神は、ロキを憎むことさながら仇敵《きうてき》の如く、オーヂンの裁断の一日も早く彼れが上に下らんことを願ひたれど、オーヂンは何故《なにゆゑ》か此の悪魔の上に容易に手を下さゞりき。

一日《あるひ》海神エーギルは一大饗宴を張りて、諸神を招き、曽《かつ》てトールが魔界より携へ帰りしかのヒーミルの巨鑊《おほがま》に麦酒《ビール》を醸《かも》して、其の賓客に供したり。此の日トールは偶々《たまたま》遠征の途に上りて、アスガルドに在らざりしも、オーヂンを始めとして他の諸神は、悉く一堂に集まり、ロキも亦其の席に列したり。されどかの事ありし以来、アスガルドの諸神は彼れと言葉を交す者あらざれば、ロキは表面《おもて》には平気なる風を装ひつゝも、心中には抑へ難き怒を包みて、たゞ黙然と坐り居たり。

一四　禍神ロキの繫縛《けいばく》

バルダアの死後、アスガルドの神々がロキを憎むこと、まるで仇《かたき》に対するようであった。オージンの裁断が一日も早く下ることを願ったが、オージンはなぜか、この悪魔に対し簡単には手を下さなかった。

ある日、海神エーギルは一大饗宴を開いて神々を招いた。かつてトールが魔界より携えて帰ってきたあのヒーミルの大釜にビールを造って、大事な客をもてなした。この日トールはたまたま遠征に出ていてアスガルドにいなかったが、オージンをはじめ他の神々はみな一堂に集まり、ロキもまたその席に並んでいた。

しかし、あの事件があってから、アスガルドの神々で彼と言葉をかわす者はいなかった。ロキは表面は平気な風を装っていたが、心中にはおさえ難い怒りを抱いて、ただ黙ってすわっていた。

海神の御所は青貝を重ねて壁とし、砂金を並べて床とし、オパール色の貝殻を食器としていた。青貝海神の宮は、青貝を畳みて壁となし、砂金を聯《つら》ねて床となし、猫目石《オーバル》色の貝殻《かひがら》を以て食器となしぬ。されば壁を透して、注ぎ入る軟かなる光線は、床に流れ、器物に触れて、真珠色の光を室内に漲《みなぎ》らしぬ。

酒盃《さかづき》は既に幾回《いくたび》か廻りぬ。諸神は漸《やうや》く耳熱して、殆んどロキの座中にあることを忘れたる時、一人の給仕《きふじ》はロキの側に到りて、泡立てる麦酒《ビール》を其の酒盃に充たしぬ。諸神の一人は之を見て、密かにエーギルに囁《さゝや》きけるやう、

「卿《おんみ》の僕《しもべ》らは賢くも仕込まれたるものかな！　かの珍客に対して如何に敬意を表しつゝあるか見よ！」

斯く言ひて快活に笑ひたり。先刻よりひとり快々《あう〱》として沈黙を守りゐたるロキは、此の話を耳に挟むと共に、火の如く怒りて、卓上の庖刀《ナイフ》を握るや否や、一撃《いちげき》の下に罪もなき給仕を打ち殺したり。

諸神は此の暴行に興を冷まして、互に顔を見合はすのみなりしが、オーヂンは勃然《ぼつぜん》として席を起《た》ち、

の壁を通して注ぎ込む柔らかな光線が床に流れ、器物に触れて真珠色の光を室内に満ちあふれさせた。

酒杯《さかずき》はすでに何回もまわった。神々は次第に酔い耳まで熱くして、ほとんどロキが座中にいることを忘れた頃、ひとりの給仕がロキのそばにいき、泡立つビールを酒杯に充たした。神々のなかのひとりがこれを見て、ひそかにエーギルにささやいた。

「あなたの召使いたちは賢く仕込まれたものだ。あの珍客に対して、どんなに敬意を表わしているか見てごらんよ！」

こういって快活に笑った。

さきほどより、ひとりいらいらして沈黙を守っていたロキは、この話を耳にすると火のように怒った。卓上のナイフを握るとすぐに一撃のもとに罪のない給仕をうち殺した。

神々はこの暴行に不愉快になり、互いに顔を見合わすだけだったが、オージンは怒って急に席を立つと、ロキに向かってきびしい態度で宣告した。

「ふたたびわれらの神聖な集会の席を汚すことをしてはならぬ。今日以後、二度とアスガルドの聖地を

ロキに向つて儼然《げんぜん》として宣告せり。

「再び吾らの神聖なる集会の席を汚すこと勿《なか》れ！ 今日以後またアスガルドの聖地を踏むこと勿れ！」

と。

オーヂンの厳命を聞きて、流石《さすが》のロキも、返すべき言葉もなく、悄然《せうぜん》と席を起ちて、室外に出で行きければ、諸神は改めて酒宴を開きけるに、暫《しばら》くして室外俄《には》かに騒然として、多くの僕《しもべ》らが一斉に室内に逃げ込める後より、ロキはさながら夜叉《やしや》の如くになりて食卓の前に進み来り、諸神に向つて、一々に其の過去の過失を数へて、之を辱《はづか》しめしのみならず、後には其の鋒先《ほこさき》を女神らにも向けて、有らゆる暴言と讒誣《ざんぶ》とを浴《あび》せかけぬ。

かくてロキの讒誣《ざんぶ》の的は、進みて女神シーフに及びける時、忽ち宮殿の外に当りて、戦車の轟音《がうおん》響き渡り、雷神トールは足音高く室内に入り来りぬ。此の時ロキがシーフに向つて投じたる最後の暴言が、

踏んではならぬ。」

と。

オージンの厳しい命令を聞いて流石《さすが》のロキも返す言葉もなく、肩を落として席を立ち室外に出ていった。

神々が改めて酒宴を開くと、しばらくして部屋の外が急にさわがしくなり、多くの家来がいっせいに室内に逃げ込んできた。後からロキがまるで夜叉のようになって食卓の前に進み、神々に向かって一々その過去の過失を数え、これを侮辱した。それだけでなく次にその鉾先《ほこさき》を女神たちにも向け、あらゆる暴言と悪口を浴びせた。

こうしてロキの悪口の的は進み、女神シーフに及んだそのとき、たちまち宮殿の外から戦車の轟音《ごうおん》が響き渡り、雷神トールが足音高く室内に入ってきた。このときロキがシーフに向かって放った最後の暴言がふとトールの耳に入ったので、トールはやにわに槌をあげて一撃の下にロキの頭を砕こうとした。だが、機敏なロキはとっさに身を海蛇に変えてトールの槌を避け、巧みに室外に逃げ去った。

不図《ふと》トールの耳に入りしかば、雷神は矢庭に槌を挙げて、一撃の下にロキの頭を砕かんとせり。されど機敏なるロキは咄嗟《とつさ》に身を海蛇《かいだ》に変じ、トールの槌を避けて、巧みに室外に逃れ去りぬ。

　ロキは一たびトールの槌を逃れし後、北方の山中に潜みて、其の山巓《さんてん》に一小屋《せうをく》を築き、之に東、西、南、北の四つの扉《ドア》を設けて、敵の来襲に備へたり。此の小屋の側には、一条《ひとすぢ》の小河ありて、麓《ふもと》に向つて矢の如く流れけるが、ロキは日毎に此の河の畔《ほとり》を上下して、魚を釣りて、其の無聊《ぶれう》を慰め、又曽《かつ》て海の女王より借りたる漁網《ぎよまう》の利便を思ひ起し、自ら一張の網を造りつゝ、長き日を送りゐたり。

　一日《あるひ》ロキは其の漁網も略《ほ》ぼ完成しければ、将に携へて小河に降《くだ》らんとしつゝありし時、忽ち山腹の方に当りて二個の巨大なる人影を認めければ、彼れは直ちに其の網を火中に投じ、一匹の鮭《さけ》と化して、小河の中に潜みたり。

　ロキはひとたびトールの槌を逃れたあと、北方の山中に身をひそめた。その山頂に一つの小屋を造り、これに東西南北四つの扉をつけて敵の来襲にそなえた。この小屋のかたわらには一すじの小川があって、ふもとに向かって矢のように流れていた。ロキは毎日、この川のほとりを上ったり下ったりしながら魚を釣って退屈をまぎらわし、また、かつて海の女王より借りた漁網が便利だったのを思い出し、自ら一張の網を作りながら永い日を送っていた。

　ある日、ロキはほぼ出来あがった漁網を携えて小川に降りようとしていた。そのとき、急に山腹のほうにふたりの巨大な人影を見つけた。すぐに網を火のなかに投げ込み、一匹の鮭に化けて小川のなかに潜んだ。

　しばらくしてこの小屋に来たオージンとトールは、すぐにロキが隠れたのを知った。あまねく屋内を探したところ、炉のなかに半ば焼けたあの漁網を見つけた。オージンはすぐにロキのいる所を察し、焼け残った漁網を繕い、トールといっしょに小川の岸に来た。

暫時《しばらく》してオーヂンとトールとは、此の小屋に来り、早くもロキの隠れたるを知りて、遍《あまね》く屋内を捜索せしに、爐《ろ》の中にて半ば焼けたるかの漁網《ぎよまう》を発見せしかばオーヂンは之によつて直ちにロキの所在を察し、焼け残りたる漁網を繕《つくろ》ひて、トールと共に小河の岸に到りぬ。小河の中には一匹の鮭《さけ》ありて、石の間に身を潜めければ、オーヂンは直ちにかの網を投げて捕へんとするに、魚《うを》は巧みに逃げ廻りて容易に網に入らざりしが、遂に小河の最も狭き所に追ひ詰められ、最後に網を跳越《はねこ》えて逃げんとせる刹那《せつな》に、トールのために其の尾を捕へられき。此の時より凡《すべ》ての鮭の尾は、非常に薄く且細くなりたりといふ。

是に於てオーヂンは、再びロキを元の形にかへし、トールと共に此の山中の洞窟に運び行き、鉄鎖《てつさ》を以て其の手足を縛《ばく》して、堅く側《かたはら》の岩に繋《つな》ぐと共に、其の頭上に一匹の毒蛇《どくじや》を置きて、絶えず毒汁《どくじふ》を其の顔に滴《した》らしめき。

小川のなか、石の間に一匹の鮭が身を潜めていたので、オージンはただちに網を投げて捕えようとしたが、魚は巧みに逃げまわり簡単には網に入らなかった。が、ついに小川のもっとも狭い所に追いつめられ、とうとう網を跳び越えて逃げようとする瞬間、トールにその尾を捕えられた。このときより、すべての鮭の尾は非常に薄く、そのうえ細くなったのだという。

そこでオージンはロキをふたたび元の形に戻し、トールとともに山中の洞窟に運んでいった。鉄の鎖で手足を縛り、かたくそばの岩につなぐと、その頭上に一匹の毒蛇を置いて、絶えず毒汁をその顔にしたたらせた。

こうして、ロキは永久に洞窟にしばりつけられ、四六時中あの毒蛇の口からしたたる毒汁のために、大苦悶を味わう運命に陥った。しかし、ひとり、妻シグーナだけは、この期《ご》に及んでもなお彼を棄てることなく、夫の苦悶を見るに忍びず、上よりしたたる毒汁を一箇のコップに受けながら常にそのわきに

かくてロキは永《とこし》へに山中の洞窟に繫縛《けいばく》せられ、四六時中、彼《か》の毒蛇の口より滴る毒汁のために、大苦《だいく》悶《もん》を味ふ運命に陥《おち》いりたれど、ひとり其の妻シグーナ(Siguna)のみは、此の期《ご》に及びても尚ほ彼れを棄

繫がれたるロキとその妻

すわっていた。

毒汁がコップにいっぱいになると、シグーナは立ってこれを棄てにいくのだが、その間、毒汁はロキの顔にしたたるので、ロキは耐えられない苦痛で

てず、其の夫の苦悶を見るに忍《しの》びずして上より滴《した》ゝる毒汁を一箇のコップに受けつゝ常に其の側《かたはら》に坐せり。されど毒汁がコップに充《み》つる時は、彼女は起つて之を棄つるが故に、其の間毒汁は直ちにロキの面上に滴り、堪へ難き苦痛に身を掮《もが》きて哭《な》き叫ばしむ。此の時大地はさながら波の如く動揺するを例とせり。これ地上の人々の謂《い》ふ所の地震なりと。

身をもがき、泣き叫ぶのだった。

このとき、大地はまるで波のようにゆれ動くのが常だった。これがこの世の人々のいうところの地震であるとのことだ。

一五　神々《ラグナロク》の黄昏

禍神《まがつみのかみ》ロキも既にアスガルドの神苑を逐《お》はれて、山中の洞窟に繫縛《けいばく》せられければ、これよりアスガルドは永久に平和と歡樂の領となり、地上の万物も挙《こぞ》つて其生を樂しむべく思はれたり。アスガルドの諸神は、尚《な》ほバルダアを喪《うしな》へる悲哀《かなしみ》の新なるものありとはいへ、ロキの繫縛に心を安んじて、ひとへに永久の幸福を夢みけり。只オーヂンの明智は、宿命の書《ふみ》に誌《しる》されたる恐ろしき事実を掩《お》ふこと能《あた》はざりき。彼れは此の世界の終滅《をはり》の日が刻々に近づきつゝあることを知りぬ。其の時には、ヴルハラ宮殿の諸神も、ニフルハイム、ヨーツンハイムの眷族《けんぞく》も、アルフハイム及びミッドガルドの住民も、悉く其の世界と共に滅びざるべからざることは、火を睹《み》るよりも明かなりき。

一五　神々《ラグナロク》の黄昏

災いの神ロキもすでにアスガルドを追われ、山のなかの洞窟に縛られていた。これより先、アスガルドは永久に平和と歓楽の土地となり、地上のすべてのものもそろってその生を楽しめると思われた。アスガルドの神々は、まだバルダアを失った悲しみ新たなるものがあるとはいえ、ロキが縛られていることに安心し、ひたすら永久の幸福を夢みていた。

ただ、オージンのすべてを見通す秀れた知恵は、宿命の書に記された恐ろしい事実を隠すことはできなかった。彼はこの世界の終わりの日が刻々と近づきつつあることを知っていた。そのときが来れば、ヴァルハラ宮殿の神々も、ニフルハイム、ヨーツンハイムの一族も、アルフハイム、ミッドガルドの住民も、ことごとくその世界の滅亡から逃れられないのは、火を見るより明らかだった。

その日が近づくと、まず地上に永遠の冬が来る。天の四隅《よすみ》より絶えず雪が降り、恐ろしい寒さは全土其の日の近づくや、先づ地上に永遠の冬来りて、天の四隅より不断の雪を降らし、恐ろしき寒さは地の全面に瀰蔓《はびこ》り、氷の如き寒風は地上の住民の心を凍らしむ。此《かく》の如き冬は三度《みたび》来れども、美しき夏の日は遂に来らず。一切の花は凋《しぼ》み、一切の草は枯れて、地上に一物の実るものなければ、人間は悉く其の蓄《たくは》へを食ひ尽して、何処を眺むるも最早其の生を支ふるものなきに至らん。

斯くて新たなる冬の相継ぎて到るを見るや、人々は最早其の生の旦夕《たんせき》に窮《きは》まれるを知りて、互に相殺し、相食《は》み、徒《いたづ》らに血を流して喜び、戦争と殺戮《さつりく》と有らゆる罪悪とは、到る処に行はれ、大地は其の恐怖に震ひ、海は其の底を露《あらは》して地上に殺到し、死屍《しし》累々《るゐ〳〵》として到る処に横《よこたは》り、空の鷲《わし》は幾千となく集り来りて、地上に蠢《うごめ》く死体を食ふべし。

其の時アスガルドの諸神は、遥かに此の惨状《さんじやう》を下《か》瞰《かん》して、深く人間のために歎き悲しめども、ひとり

にはびこり、氷のような寒風は地上の住民の心を凍らせる。このような冬は三度来るが、その間美しい夏の日はついに来ない。一切の花はしぼみ、一切の草は枯れ、地上に実るものは一つもない。人間はみなそのたくわえを食い尽くし、どこを眺めても、もはや生命を支えるものがない状態が来るだろう。

こうして新しい冬が続いて来ると、人々はもはやその生命が今夕か明朝に尽きることを知る。互いに殺しあい、食いあい、いたずらに血を流して喜び、戦争と殺戮《さつりく》とありとあらゆる罪悪がいたる所で行われる。大地はその恐怖に震え、海はその底をあらわして地上に殺到し、死屍《しし》累々《るいるい》としていたる所に横たわる。空の鷲は幾千となく集まってきて、地上に重なりあう死体を食うだろう。

そのときアスガルドの神々は、はるかにこの惨状を見降ろして人間のために深く歎き悲しむだろう。しかし、ヨーツンハイムの住民は歓びの声をあげ「我らの時が来た!」と祝いあいながら、はるかにアスガルドの神の領地に猜疑《さいぎ》の目を向けるだろう。

アスガルドの神苑にはなお日月の光があり、神々

ヨーツンハイムの住民は、歓呼して「我が時来れり！」と祝し合ひつゝ、遥かにアスガルドの神領に猜忌《さいぎ》の眼《まなこ》を注がん。

アスガルドの神苑には、尚《な》ほ日月の光ありて、神々が其平和と歓楽とを享受《きやうじゆ》するに足れりきと雖《いへど》も、オーヂンは私《ひそ》かに此の歓楽の亦た永からざるを知りたりき。

実《げ》にや、かの日神バルダアの死せし頃より、天地の秩序《ちつじよ》漸《やうや》く紊《みだ》れ、日月の空に昇るを見るに、二頭の餓狼《がらう》ありて、其の後を追うて空中を駆廻り、日月の車はひとへに之を避けんとして狂奔《きやうほん》すれども、かの狼《おほかみ》の行動は日に敏速《びんそく》を加へて、今にも追附かれんばかりなりき。

オーヂンは遂に日月も亦餓狼の餌食《ゑじき》となるの日あることを知りたりき。斯くて「神々の黄昏《ラグナロク》」(Ragnarok) の日は来らん。其の時に至れば、復《ま》た世界を照すものなく、世は常闇《とこやみ》となり、黒風天地

は平和と歓楽を生活のなかに取り入れて満足していたが、オージンはひそかに、この歓楽の生活もまた永くないことを知っていた。

まったく、あの日神バルダアが死んだ頃から、天体の秩序が次第に乱れた。日や月が空に昇るのを見ると、二頭の餓狼が日月を追って空中を駆けまわった。日月の車はいちずにこれを避けようと走るが、あの狼の行動は日に日に敏速になり、今にも追いつかれそうであった。

オージンはついに、日月もまた餓狼の餌食《えじき》になる日があることを知った。こうして「神々の黄昏《ラグナロク》」の日が来るだろう。その日が来ればもう世界を照らすものはなく、世は常闇《とこやみ》となり、暴風が天地をおおうだろう。ふだん光明を恐れて、暗黒の領土に、洞窟に、森林に、または地中に息を殺してじっとしていた魔族らは「その時がきた。今がその時だ！」と歓び、連れだって地上に出てわがもの顔で走りまわるだろう。

さて、あの巨魔イーミルの子孫たちは、山海の悪

を籠《こ》めて、平生光明を恐れて暗黒の領土に、洞窟に、森林に、又は地中に屏息《へいそく》せる魔族らは、「時来れり！」と歓《よろこ》びて、相率《ひき》ゐて地上に跳梁《てうりやう》すべし。

是に於てかの巨魔イーミルの遺孽《ゐけつ》ら、山海の悪霊と南方ムスペルハイムの旋風《せんぷう》とを語らひ、来りてオーヂンに対する旧怨《きうゑん》を復せんとす。フェンリス狼《ウルフ》は、機に乗じて縛《ばく》を脱し、ミッドガルド蛇《サーペント》は海中より巨頭を擡《もた》げ、其の巨大なる蜷局《とぐろ》を解きて、徐《おもむ》ろに陸に出で、幽界の女王ヘラも、其の氷寒暗黒の領を出で、無数の眷族《けんぞく》を従へて地上に来らん。此の時、悪神ロキは其の繋縛《けいばく》を断ちて山を下り、ギグリード（Vigrid）の原に其の同勢を集めて、自ら之が将となり、一大喊声《かんせい》を揚げて、アスガルドの諸神に戦を挑まん。

アスガルドの諸神は、今や其の最後の戦に臨まんとして、其の準備に従へる間に、イーミルの遺孽らは、アスガルドの神領を侵《をか》して、其の深仇《しんきう》に報いん

霊と南方ムスペルハイムの旋風を誘い、やって来てオージンに対する旧怨を復活しようとした。フェンリス狼はすきにつけいって、縛られているのを逃《のが》れ、ミッドガルド蛇は海中より巨大な頭を持ちあげ、巨大なとぐろを解き、ゆっくり陸に出た。幽界の女王ヘラもその氷寒暗黒の領地を出て、無数の一族を従えて地上に来るだろう。このとき、悪神ロキはその縛りを断って山を下り、ヴィグリードの原に味方を集め、みずからこれらの大将となり、鬨《とき》の声をあげてアスガルドの神々に戦を挑むだろう。

アスガルドの神々が今や最後の戦に臨もうとその準備にかかっている間に、イーミルの一族たちは、アスガルドの神領を攻めて仇《あだ》に報いようとしていた。ビフロスト橋を渡って進んできたが、橋はその重さに耐えられず中途で折れてしまったので、ヴィグリードの原に集まって神軍の来るのを待った。

こうして、ついに最後の格闘のときが来た。神界の衛士《えじ》ハイムダールはすぐにギャルラーホーンの角笛を鳴らし、ヴァルハラ宮殿の勇士を召集し、神々を助けてともに魔軍に向かわせた。両軍はヴィグ

とて、ビフロストの橋を渡りて進み来りしも、橋は其の重味に堪へずして中断しければ彼等も亦たギグリードの原に集りて、神軍の来るを待つ。

斯くて遂に最後の格闘《かくとう》の時は来れり。神界の衛士《ゑじ》ハイムダール乃ちギアルラアの角笛を鳴らして、ヴルハラ宮殿の勇士を召集《せうしふ》し、諸神を助けて、相共に魔軍に向はしむ。是に於て両軍ギグリードの原に会して、血戦を交ふるや、地為に震ひ山為に崩れ、天色変じて紅《くれなゐ》となる。神軍時に敗るゝ時は、風は叫び、樹は鳴り、河海の水は逆流し、幽界の眷族相率ゐて南漸《なんぜん》す。トール神はミョルニルの槌を揮ひ、先陣に立ちて、遂にミッドガルド蛇を屠《ほふ》れども、其の身も亦た敵の毒気に触れて命を殞《おと》せり。ハイムダールは敵将ロキと闘ひ、終《つひ》に交々《こもぐ》相刺して斃《たふ》れぬ。此の間総帥《そうすい》オーヂンは、勇士らを指揮して、戦を督励《とくれい》しつゝありけるが、フェンリス狼は、隙を窺《うかゞ》うて急《たちま》ちオーヂンに跳び蒐《かゝ》り、只一口に呑み尽《つく》せり。勇猛な

リードの原で出会って血戦を交えた。そのために地は震《ふる》い、そのために山は崩れ、天の色が変わり紅となった。

神軍が時に敗れると、風は叫び、樹は鳴り、河海の水は逆流し、幽界の一族はつれだって南のほうへ進んだ。トール神はミョルニルの槌を揮い、先陣に立ってついにミッドガルド蛇を殺したが、その身もまた敵の毒気に触れて命を落とした。ハイムダールはロキと闘い、とうとう互いに刺して死んだ。

この間、オージンは勇士らを指揮して、戦を有利に進められるように励まし続けていた。だが、フェンリス狼はすきを見つけて急にオージンに跳びかかり、ただ一口で飲み込んでしまった。勇猛なヴィダールは、はるかにこの様子を見て怒りのまなじりを裂き、走って来ると、一撃のもとにフェンリス狼を殺した。

このとき、南方ムスペルハイムより来た巨魔スルタアは、炎を散らしてフレールに突進し、たちまち彼を倒して世界全土に火の雨を降らした。するとイグドラシルの樹はたちまち燃えてひとかたまりの猛

るギダール（Vidar）遥かに此の状《さま》を望みて、忿怒《ふんぬ》の眥《まなじり》を裂《さ》き、走り来りて一撃の下にフェンリス狼を屠《ほふ》りぬ。

　此の時、南方ムスペルハイムより来れる巨魔スルタア（Surter）は、火焔《くわえん》を散らしてフレールに突進し、忽ち之を斃《たふ》して、世界の全土に火の雨を降らしぬ。是に於てイグドラシルの樹は、忽ち燃えて一団の猛火となり、其の火終《つひ》に天に達してアスガルドの全都を焼き、地は砕けて海中に沈み、天上の星は散乱して海に落ち「時」も亦た滅びて、世界は再び混沌《こんとん》の状に還《かへ》らん。

　斯くて宇宙は全く暗黒と沈黙の底に沈みて殆ど幾何《いくばく》を経過せるかを知らず。されども、やがて此の混沌の間より新たなる天と新たなる地生じ、日は再び天上にかゝり、月と星とは再び地を照すに至らん。地に播種《はしゅ》するものなけれども、草木自からに萌芽《ほうが》して、鬱然《うつぜん》として繁茂し、花笑ひ、鳥歌ひ、五穀地に

火となり、その火はついに天に達した。アスガルドの全部を焼きはらい、地は砕けて海中に沈み、天上の星は散乱して海に落ち、「時」もまた滅び、世界はふたたび混沌の状態に戻ってしまった。

　こうして、宇宙はまったく暗黒と沈黙の底に沈み、どのくらいの時が経ったかわからない。

　しかし、やがてこの混沌のなかより新しい天と地が誕生し、日はふたたび天上にかかり、月と星はふたたび地を照らすだろう。

　地にまく種はないが、草木がひとりでに芽を出し、空も見えないほど木が繁るだろう。花は笑い、鳥は歌い、五穀が地に満ちるだろう。新しい人類がふたたび繁殖し、天地自然が万物を育てるのを助け、永く地上の幸福を享受するようになるだろう。

満ちて、新たなる人類は再び繁殖《はんしょく》し、天地の化育に参して、永く地上の幸福を享受するに至らん。

【ヘ】

【ホ】

【ミ】

【ム】

【ナ】

【ニ】

【ヌ】

【ハ】

【ヒ】

【フ】

【エ】

【オ】

【キ】

【ク】

【ケ】

索　　引

項目は現代語訳文表記により、原文は（　）に記した。

【ア】

【イ】

【ウ】

中島孤島（なかじま ことう） 1878―1946

長野県生まれ。本名茂一。小説家、評論家、翻訳家。

著書に『新気運』（平民書房）『通俗世界全史　新民族勃興史』『通俗世界全史　暗黒時代史』『通俗世界全史　封建列国史』（以上、早稲田大学出版部）『こども世界歴史』（冨山房）　翻訳に『グリム御伽話』『西遊記』『騎士道時代　バルフィンチ』（以上、冨山房）『クリスマス・カロル』（春陽堂）など。

現代文　阿部正子（あべ まさこ）

千葉県生まれ。日本児童文学者協会会員。

児童書に『おしゃべりまくら』『メニューはうたう』『ろばのじいさん』『むしゃむしゃかいじゅう』（以上、岩崎書店）『ゆらめき少女たち』（文溪堂）『くじらとさくら』（らくだ出版）『ねむの木ゆうびん』（教育画劇）など。

北欧神話〔新版〕

ジェームス・ボールドイン　著
中島孤島　訳
阿部正子　現代語訳

二〇二四年四月六日　第一刷発行

発行者――坂本嘉廣
発行所――㈱富山房企畫
東京都千代田区神田神保町一-三　〒一〇一-〇〇五一
電話〇三（三二三三）〇〇二三
発売元――㈱冨山房インターナショナル
東京都千代田区神田神保町一-三　〒一〇一-〇〇五一
電話〇三（三二九一）二五七八
印　刷――㈱冨山房インターナショナル
製　本――加藤製本株式会社

ISBN 978-4-86600-123-4 C0097 NDC993